Wesentliche Information

Teleférico del Teide - Seilbahn
In acht Minuten auf den Gipfel
Ctra. TF-21 km 43
Höhe der Talstation | 2.356 m
Teide-Nationalpark
Tel. 0034 922 010 445
www.telefericoteide.com

Refugio de Altavista - Berghütte
Eine einzigartige Unterkunft inmitten des Nationalparks
Höhenlage 3.260 m
Information und Reservierung |
Tel. 0034 922 010 440
www.refugioaltavista.com

Besucherzentrum
Ein Streifzug durch die geologische Geschichte des Parks und dessen Biodiversität
Ctra. TF-21 Km. 32 El Portillo
Höhenlage| 2.054 m
Öffnungszeiten:| Täglich von 9.00 bis 16.00 h
(außer 25. Dezember und 1. Januar)

Hotel „Parador Nacional del Teide"
Ein gemütliches Hochgebirgshotel innerhalb des Nationalparks
Ctra. TF-21 Km. 46
Höhenlage| 2.150 m.
Tel. 0034 922 386 415
Fax 0034 922 382 352
www.parador.es

Observatorio del Teide - Sternwarte
Ctra. TF-24 Km. 37
Ausdehnung| 50 Hektaren
Höhenlage| 2.390 m
Geo-Koordinaten|
Längengrad| 16° 30´ 35" West
Breitengrad| 28° 18´ 00" Nord
www.iac.es
Tel. 0034 922 656 262
von 09:00 bis 17:00, Montag bis Freitag
(ausgenommen Feiertage)
ot.visitas@magnacongresos.com

Parques Nacionales - Nationalparks
www.reservasparquesnacionales.es

Notfälle
Tel. 112
Das Sicherheitssystem umfasst: Polizei, Feuerwehr, ärztlicher Notdienst, Seenotrettungsdienst, industrielle Sicherheit, Telekommunikation und Zivilschutz.
Die kostenlose Nummer 112 steht 24 Stunden zur Verfügung.
Das Personal ist dreisprachig| Spanisch, Englisch und Deutsch.

Zufahrten:
Öffentlicher Bus: Linien 342 und 348.
Infos zu Linien und Fahrplänen| Tel. 0034 922 531 300
www.titsa.com
Mit dem Auto: Folgende Zufahrten sind möglich:
- Vom Norden: Hauptstraße TF-21 von La Orotava, oder TF-24 von La Esperanza
- Vom Süden: TF-21 Granadilla oder Vilaflor, TF-38 Chío.

Restaurants und Dienstleistungsbereiche
- El Portillo
TF-21 Km. 31
Tel. 0034 922 356 006
- Restaurant Bambi
TF-21 Km. 33
Tel. 0034 922 356 006
- Restaurant Teleférico del Teide an der Seilbahn-Station
Buffet und Cafeteria
TF-21 Km. 43
Tel. 0034 922 010 445
- Hotel Parador Nacional del Teide
Buffet, Cafeteria und Restaurant
TF-21 Km. 46
Tel. 0034 922 386 415

Wanderführer auf den Teide-Gipfel
Teleférico del Teide

Herausgeber
Teleférico del Pico de Teide, SA

Autor
Juan Sergio Socorro Hernández

Künstlerische Leitung
Gabriel Roca

Gestaltung und Layout
Imada Vadillo

Fotos
Sergio Socorro
Guillermo Pozuelo: *13 klein re., 22-23, 38. 39. 40. 138, 140-141, 140 unten, 160, 167*
Joaquín Ponce de León: *12 unten, 36, 39 unten, 42 unten, 51, 64 unten, 74 unten, 76 unten, 102 unten, 133 unten, 137 unten.*
Ediciones Saquiro: *10 unten, 48, 65, 86*
Daniel López: *142-143, 145*
Familienarchiv Coello Bravo: *27, 95*
Fotoarchiv Teleférico del Pico de Teide, SA: *139, 141*
GRAFCAN: *52-53, 56 inf, 70-71, 88-89, 106-107, 169, Archiv Karten Aussichtspunkte, Archiv Karten Wanderwegnetz, Umschlagklappe und Umschlagseite.*
NASA: *35, 200-201*

Berater zum Inhalt
Aeonium S. Coop.

Übersetzung
Deutsch, Englisch und Französisch:
WAI COMUNICACIÓN SLU

© **Texte**| Juan Sergio Socorro Hernández
© **Fotos**| Juan Sergio Socorro Hernández, Guillermo Pozuelo, Joaquín Ponce de León
© **Herausgeber**| Teleférico del Pico de Teide, SA

Verlag
Ediciones y Promociones Saquiro, SL

Offset und Druck
Advantia Comunicación Gráfica, SA

Gesetzliche Nr: TF 694-2013

ISBN 10: 84-941849-2-X
ISBN 13: 978-84-941849-2-5

Die Wiedergabe, Einspeicherung oder Weiterleitung dieses Werks oder Teile dessen, inklusive des Designs des Einbandes, sei es auf elektronische, chemische, mechanische, optische, audiovisuelle oder vervielfältigende Weise, sind ohne vorherige schriftliche Genehmigung des Herausgebers untersagt.

Quellenangaben:

Araña, V. & Coello, J. 1989 *Los volcanes y la Caldera del Parque Nacional del Teide (Tenerife, Islas Canarias).* ICONA (Technische Serie), Madrid, 442 S.

Carracedo, J.C.; Rodríguez Badiola, E.; Guillou, H.; Paterne, M; Scaillet, S.; Pérez-Torrado, F.J.; Paris, R.; Rodríguez González, A. & Socorro, S. 2008. *El Volcán Teide, Volcanología, interpretación de paisajes e itinerarios comentados.* Ediciones Saquiro, Santa Cruz de Tenerife, 603 S. (3 Bände)

García Canseco, V. (Koordinator). 2000. *Parque Nacional del Teide.* Editorial Esfagnos, Talavera de la Reina, 292 S.

Stone, Olivia M. 1995 (Originalausgabe 1887). *Tenerife y sus seis satélites.* Cabildo de Gran Canaria, Las Palmas de Gran Canaria 1.051 S. (2 Bände)

Torriani, Leonardo. 1590. *Descrittione et historia del regno de l'ísole Canarie gia dette le fortunate con il parere delle loro fortificationi.* [Manuskript der Universitätsbibliothek von Coimbra].

Torriani, Leonardo. 1978 (1959). *Descripción e historia del reino de las Islas Canarias.* Vorwort, Anmerkungen und Übersetzung von Alejandro Cioranescu. Editorial Goya, Santa Cruz de Tenerife, 298 Seiten

Inhaltsverzeichnis

005   **EINLEITUNG**
006   Die Parkachse

018   **DER NATIONALPARK**
           Allgemeine Info

026   **DER VULKAN TEIDE**

036   **TELEFÉRICO DEL TEIDE - DIE TEIDE-SEILBAHN**
           Allgemeine Info
040   Die Seilbahn-Fahrt

048   **WANDERWEGE**
050   Wanderweg Nr. 12
           Aussichtspunkt Pico Viejo
068   Wanderweg Nr. 11
           Aussichtspunkt La Fortaleza
086   Wanderweg Nr. 10
           Teide-Gipfel - Telesforo Bravo
104   Wanderweg Nr. 7
           Montaña Blanca - Teide

138   **DIE BERGHÜTTE ALTAVISTA**
           Eine Hochgebirgs-Unterkunft
144   Der Himmel von Altavista

148   **LANDSCHAFTS-INFO**

170   **FLORA**
           Hauptsächliche endemische Pflanzen im Teide-Nationalpark

191   **NOTIZHEFT**

200   **KARTEN UND GEOGRAPHISCHE REFERENZEN**

Le Pic de Tenerife. Abbildung aus dem Atlas *Histoire naturelle des îles Canaries,* Webb, Philip Barker et Berthelot, Sabin. 1836-50

Einleitung

Wenn wir in der Geschichte auf die verschiedenen Persönlichkeiten zurückgreifen, die in den vergangenen Jahrhunderten die Kanaren und vor allem Teneriffa besucht haben, sticht das gewaltige Interesse all jener Reisenden, Abenteurer und Wissenschaftler für den Aufstieg auf den Teide-Gipfel hervor. Schon damals zeichnete sich ein touristischer Betrieb ab, um die Nachfrage der berühmten Besucher vorwiegend in Puerto de la Cruz und La Orotava zu decken. Diese Städte dienten als Ausgangs- und Endpunkte für drei- bis viertägige Exkursionen, die mit der Hilfe von Maultieren und Pferden bis auf Altavista hinauf führten. Von dort her konnte der Weg nur noch zu Fuß zurückgelegt werden.

Damals bestiegen diejenigen, denen sich die Chance überhaupt bot, den Teide nur einmal im Leben. Heute jedoch können wir diesen Ausflug mehrmals wiederholen, aber jedes Mal ist es ein einzigartiges und neues Erlebnis. Vieles hat sich seit jenen Zeiten geändert, doch die Schönheit dieses Ausflugs ist immer noch gleich. Es liegt auf der Hand, dass der Teide nicht nur wissenschaftlich äußerst bedeutend ist, sondern auch vom didaktischen, landschaftlichen und touristischen Gesichtspunkt her zweifellos auf großes Interesse stößt.

Wir haben versucht, diese Faktoren in den einzelnen Wanderwegbeschreibungen gesamthaft darzustellen. Daneben sind aber auch Erklärungen, Begriffe und spezifische Phänomene in verschiedenen Landschafts-Infos aufgeführt, die zusammen mit der Information über die Flora den letzten Teil dieses Wanderführers bilden. In den ersten zwei Info-Blättern haben wir die verschiedenen Magmatypen und die Grundlage für ihre Entwicklung zusammenfassend beschrieben, um auch Laien eine tiefere geologische und vulkanologische Kenntnis über die Phänomene der diversen Vulkanausbrüche in diesem einzigartigen Nationalpark Cañadas del Teide zu geben. Dies ist auch wichtig, um die Motive zu verstehen, welche die UNESCO dazu geführt haben, den Teide zum Weltnaturerbe zu erklären.

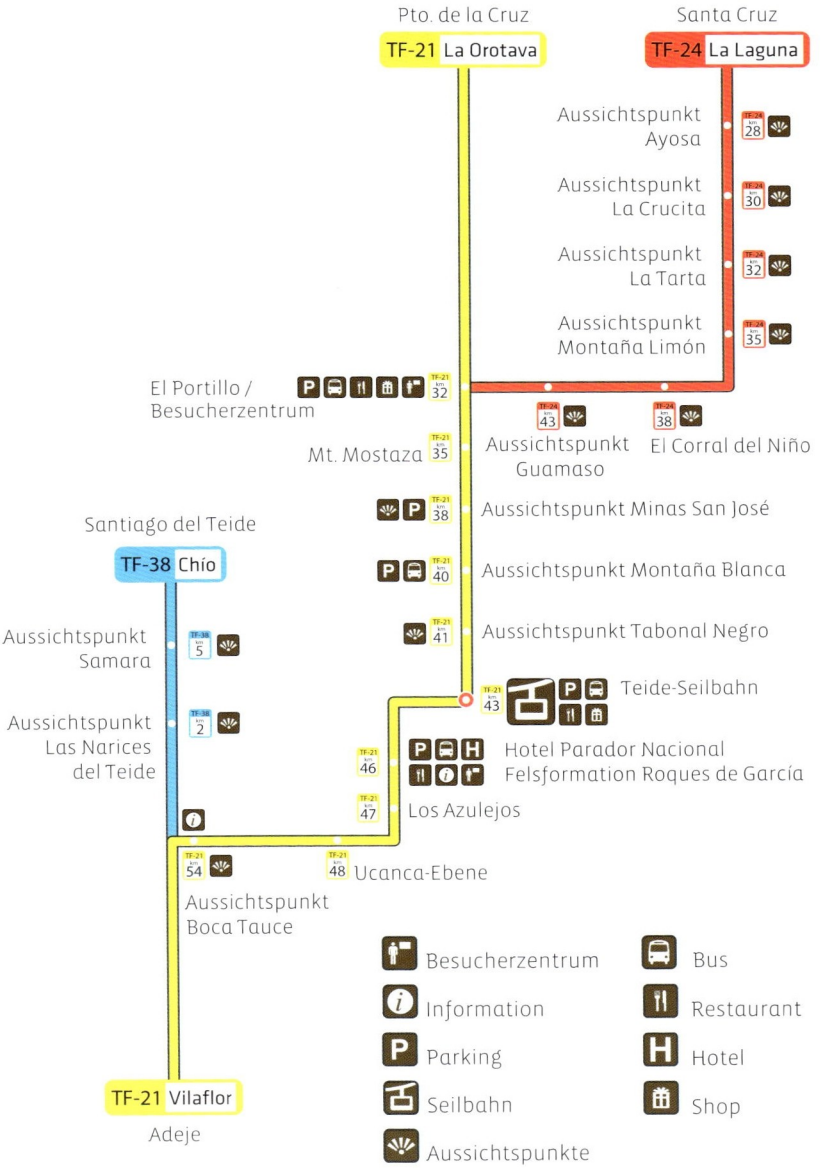

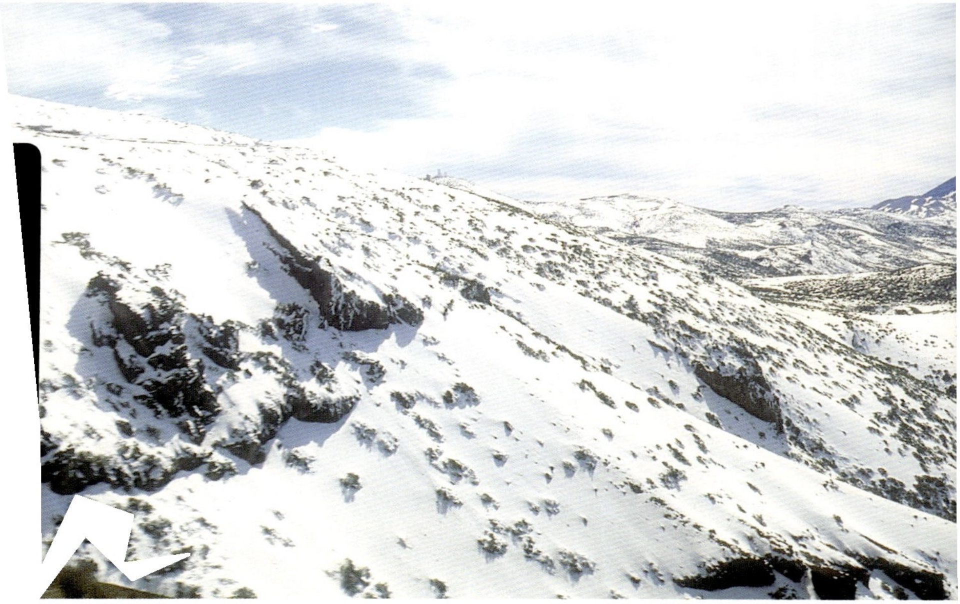

TF-24 km 28

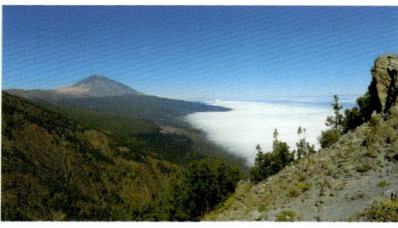

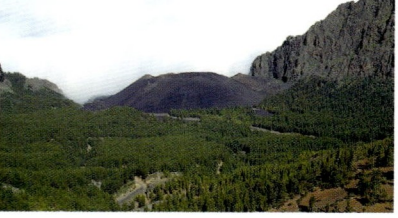

Aussichtspunkt Ayosa. Es ist eine der Stellen, an denen man auf einer Höhe von 2.000 m zuerst auf die Silhouette des Teide stößt. Ein strategischer Punkt für einen Blick über das Orotava-Tal und die Insel La Palma am Horizont. Häufig bilden die Passatwinde das typische Wolkenmeer über dem Orotava-Tal.

TF-24 km 30

Aussichtspunkt La Crucita auf dem mittleren Gebirgskamm Teneriffas. Im Süden erkennt man den Vulkan von Arafo, die letzte Schlotöffnung der Eruption 1704-1705.

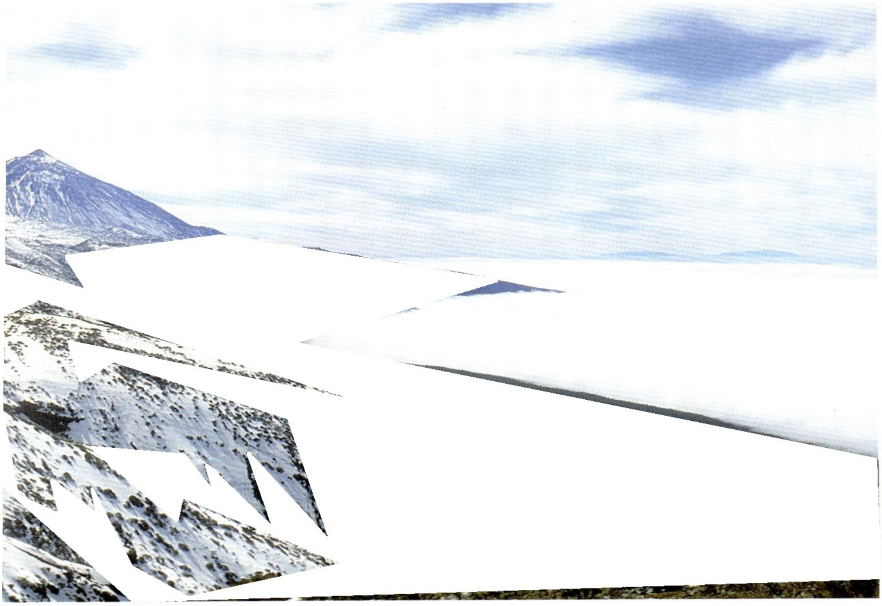

TF-24 km 32

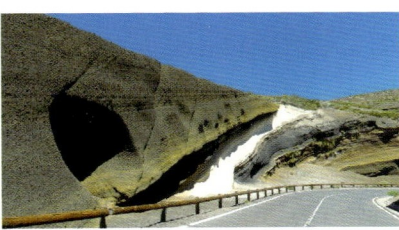

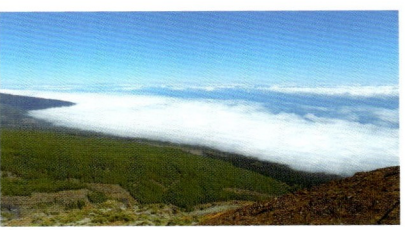

Aussichtspunkt La Tarta. Ein obligatorischer Halt, um die Gesteinsschichten der verschiedenen Vulkanausbrüche zu beobachten.

Die weißen Ablagerungen bestehen aus Bimsstein, die schwarzen Schichten aus basaltischen Lapilli und die ockerfarbenen Teile sind zwar auch Basaltgestein, jedoch ist es durch die Oxidation verfärbt.

TF-24 km 35

Aussichtspunkt Montaña Limón. Der Blick auf das Orotava-Tal ist Zeuge eines Ereignisses, das auf mehr als 500.000 Jahre zurückgeht: Ein riesiger Hangrutsch bildete dieses Tal, das sich bis zum Meer hinaus dehnt.

Berücksichtigen Sie bei Ihrem Ausflug die passendste Tageszeit für die besten Fotos. Der Sonnnenauf- und untergang schenkt das spektakulärste Licht für absolut beeindruckende Bilder.

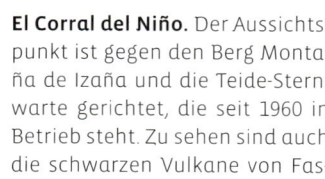

TF-24 km **38**

El Corral del Niño. Der Aussichtspunkt ist gegen den Berg Montaña de Izaña und die Teide-Sternwarte gerichtet, die seit 1960 in Betrieb steht. Zu sehen sind auch die schwarzen Vulkane von Fasnia, die auf dem Ausbruch basaltischer Lava 1704-1705 beruhen.

TF-24 km **43**

Aussichtspunkt Guamaso. Der Aussichtspunkt blickt in Richtung des Chasna-Pfades, des historischen Aufstiegs zum Teide und eine der Hauptstrecken, welche die Cañadas durchqueren und das Orotava-Tal mit dem Dorf Vilaflor verbinden.

TF-21 km 32 — **El Portillo / Besucherzentrum.** Ein fast obligatorischer Stopp, um sich zu erfrischen und das Besucherzentrum des Teide-Nationalparks zu besichtigen. Es zeigt den geologischen Ursprung der Cañadas und deren Geschichte.

TF-21 km 33 — **Montaña Mostaza.** Der Basaltkegel gleich am Straßenrand mit dem Krater gegen Norden geht auf den Ausbruch vor mehr als 13.000 Jahre zurück und wurde durch die Winde aufgewölbt.

Das gute Klima, die saubere Luft und die Höhenlage sind der Grund, weshalb die Teide-Sternwarte eine der wichtigsten der Welt ist.

 TF-21 km 38 **Aussichtspunkt Minas San José,** die ehemalige Bimsstein-Mine. Seit 1981 ist der Bimsstein-Abbau verboten. Der Bimsstein wird gewöhnlich in der Industrie und Kosmetik verwendet.

 TF-21 km 40 **Montaña Blanca.** Der „weiße Berg" bildet den Ausgangspunkt für die Wanderung Nr. 7, welche Montaña Blanca mit dem Aussichtspunkt La Fortaleza nahe des Teide-Gipfels verbindet. Die Ausbrüche der Montaña Blanca kennzeichnen die Landschaft mit den typischen, hellen Bimsstein-Flächen.

 Aussichtspunkt Tabonal Negro Neben der Lavazunge, die dem Ort seinen Namen gibt (s. Foto S. 206-207), gewährt der Aussichtspunkt einen Blick auf Las Cañadas und deren höchste Erhebung, den Guajara (2.715 m), einem Überbleibsel des gigantischen Vulkans Cañadas vor der Bildung des Teide. Gleich neben dem Aussichtspunkt wachsen die vor allem im Frühling beeindruckenden roten Teide-Natternköpfe.

 Teide-Seilbahn. Der vortrefflichste Halt, Auftakt für eine Fahrt auf den Aussichtspunkt La Rambleta hinauf, die Krönung für den Blick auf den majestätischen Nationalpark.

Die Seilbahn-Fahrt schenkt Ihnen einen einzigartigen Blick auf die unendlich weite Landschaft und das Gefühl, zwischen Kratern und Lavaströmen zu schweben.

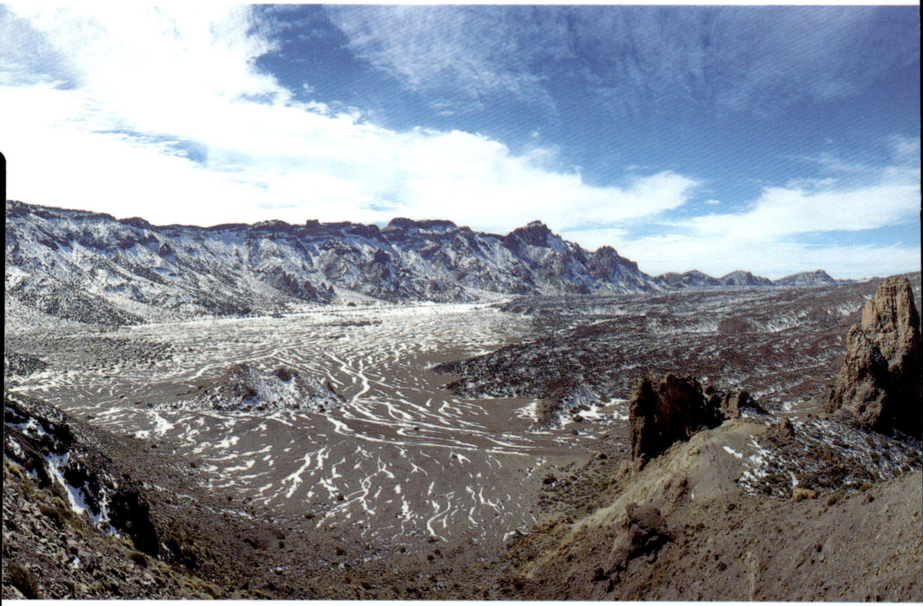

TF-21 km 46

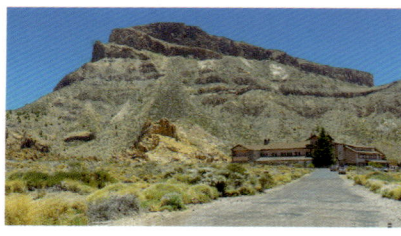

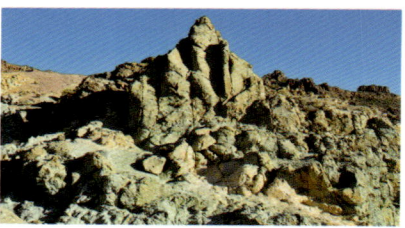

Parador/Los Roques. Dem Hotel gleich gegenüber biegt die Straße zum obligatorischen Halt ab, um die Ucanca-Ebene aus der Höhe zu betrachten und einen Spaziergang zwischen den erodierten Felsformationen und den ehemaligen Vulkanschloten zu machen. Der westliche Teil des Wanderwegs ab dem Aussichtspunkt ist vor allem abends spektakulär.

TF-21 km 47

Los Azulejos. Dieser Aussichtspunkt in der Nähe der Felsformation Roques de García erhält seinen Namen durch die verschiedenen Farbtöne, die auf Veränderungen und mineralische Rückstände aufgrund heißer Wasserströme zurückgehen.

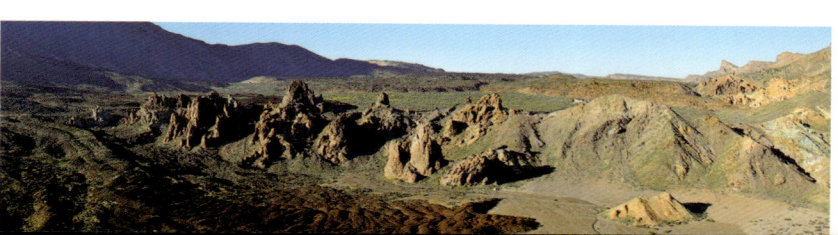

TF-21 km 48 **Ucanca-Ebene.** Diese Flächen, „Cañadas" genannt, beruhen auf der Erosion und den Ablagerungen infolge Niederschläge und Tauwetter. Durch die Ebene führten die ehemaligen Viehpfade („cañada" = Weideweg). Zeitweise bilden sich bei Tauwetter kleine, kurzlebige Seen, die vor allem Fotoliebhabern sensationelle Bilder vom Teide schenken.

TF-21 km 50 **Aussichtspunkt Boca de Tauce.** Wiederum eine sehr bemerkenswerte Silhouette des Pico Viejo und Teide. In der Ferne liegt die Gesteinsformation Los Roques und die Wand des Vulkankessels. Nahe des Aussichtspunktes sind eine Reihe von schiefen Gesteinsgängen namens Las Escaleras (Treppen) zu erkennen.

Die Gesteinsformation Los Roques, Überbleibsel des ehemaligen Vulkans Cañadas, ist ein symbolhafter Halt. Der Aussichtspunkt Los Roques bildet den Anfang für überwältigende Wanderwege.

 Aussichtspunkt Las Narices del Teide. Ein außerordentlicher Blick auf den Vulkan Pico Viejo, der vor Jahrtausenden ausgebrochen ist. An seinen Abhängen, den sogenannten „Narices del Teide" (Teide-Nasen), ist der Ausbruch aus dem Jahr 1798 erkennbar. Damals entstanden auch schwarze Lavaströme, jedoch mit einer anderen Beschaffenheit als diejenigen des oberen Teide-Kegels.

 Aussichtspunkt Samara. Ein Weg führt auf den Gipfel des Vulkans Samara, der einen grandiosen Panoramablick über verschiedene Vulkankegel bietet. In der schwarz gefärbten Pyroklastite-Landschaft (aus Lava-Fragmenten, die während des Ausbruchs herausgeschleudert wurden) stechen die einzigartigen kanarischen Kiefern hervor.

Die Hauptstraße nach Chío hat mehrere Aussichtspunkte über beinahe unbekannte und einzigartige Teile des Nationalparks.

Der Nationalpark
Allgemeine Info

Der Teide-Nationalpark ist ein MUST für alle Besucher Teneriffas. Es ist ein privilegierter Ort, um die einzigartige Landschaft zu bewundern, in der sich inmitten von Kratern, Vulkanen und versteinerten Lavaströmen die beeindruckende Silhouette des Vulkans Teide bis auf 3.718 m erhebt.

Ein vielfältiger Service bringt den Besuchern dieses Gebiet näher: Bequeme Zufahrten und Straßen führen zum und durch den ganzen Park, das Besucherzentrum in El Portillo enthüllt einige der Geheimnisse des Nationalparks, in einer Restaurant-Zone kann man sich stärken, zahlreiche Aussichtspunkte bieten umfassende Panoramablicke, ein breites Wanderwegnetz lassen die Besucher den Park näher erschließen und man kann sogar in zwei Unterkünften bestens übernachten, im Hotel Parador Nacional de Las Cañadas del Teide und der Berghütte Altavista auf einer Höhe von 3.265 m.

Webb & Berthelot, 1836-50.

< Sonnenaufgang am Teide

DER MEISTBESUCHTE
NATIONALPARK EUROPAS

Der Teide-Nationalpark ist eines der großen Naturwunder der Welt und hat den Vorteil, nicht nur leicht zugänglich zu sein, sondern auch in relativer Nähe der europäischen Länder zu liegen.

Der ganze Park ist ein außerordentlicher geologischer Schatz, in dem Vulkane, Krater, Vulkanschlote, Lavaströme und viele andere vulkanische Elemente zu einer beeindruckenden Farben- und Formenvielfalt verschmelzen. Der Vulkankessel „Las Cañadas del Teide" überrascht mit seiner Vielfältigkeit, beunruhigt mit seinen gewaltigen, erstarrten Lavaströmen und beeindruckt durch seine von der Erosion launisch geformten Felsen und dem kolossalen Ausmaß dieser chaotischen Gesteinsformationen. Der Kontrast steigert sich im Frühling, in der sich der Park in einen atemberaubenden Garten voll Blumen und berauschenden Aromen verwandelt, ein auf der Welt einzigartiges Schauspiel.

Die dominante Struktur des Teide, ein beeindruckendes vulkanisches Gebäude, ändert sich je nach Blickwinkel oder Jahreszeit, ist aber mit seinen verschiedenartigen Flanken stets ein Genuss für den Besucher. Der Vulkankegel geht an seinem Fuß in ein Vulkangesteinsmeer über, das erst vor Kurzem entstanden und deshalb noch nicht erodiert ist. Dieser riesige Kessel in Form eines Amphitheaters wird von den steilen Wänden der Cañadas eingegrenzt.

Der Kessel ist in der südlichen Hälfte auf einer Länge von 25 km von dieser Wand eingegrenzt, die an ihrem höchsten Punkt, im sogenannten Teilstück Guajara, stattliche 550 m erreicht. Dieser natürliche Einschnitt brachte das vorherige Vulkangebäude teilweise zum Verschwinden, als vor 198.000 Jahren der gegenwärtige Kessel Las Cañadas gebildet wurde. Möglicherweise entstand er durch einen riesigen Hangrutsch, vermutlich zusammen mit einem Kesselkollaps, wodurch im Gebiet Los Roques ein Teil des ursprünglichen Gesteins freigelegt wurde: Vulkandämme und Vulkanschlote aus früheren Ausbrüchen.

Die Kesselwand zeugt von drei Millionen komplexer geologischer Geschichte. Die Erdrutsche oder Kesselkollapse und die nachträgliche Bildung eines dem Teide ähnlichen Vulkans könnten sich mehrmals wiederholt haben.

Der anscheinend karge Boden des Teide-Nationalparks lässt nicht auf die üppige Pflanzenwelt schließen, die im Frühling erscheint. Zusammen mit den geologischen Schätzen trägt die Vegetation dazu bei, dass der Park weltweit

einzigartig ist.

Ein Besuch ist niemals vollständig, wenn man nicht den sensationellen Frühling der Las Cañadas del Teide erlebt und genossen hat.

Die meisten Pflanzen blühen und vermehren sich in der kurzen Zeit von April bis Juni. Der großartige, farbenprächtige Fächer ändert sich je nach Blütenstand der verschiedenen Pflanzenarten.

Einige Arten sind an bestimmten Stellen so zahlreich, dass ihre Blüten die Landschaft prägen, wie das weiße Meer des Teide-Ginsters, das fröhliche Gelb des Geißklee oder das intensive Rot der einzigartigen Teide-Natternköpfe, die an vereinzelten Stellen in zahlreichen Gruppen blühen.

Das Leben auf einer solchen Höhe inmitten von Lavagestein ist anspruchsvoll, die Pflanzen haben es schwer, sich den harten Bedingungen anzupassen. Andererseits bedeutet das Dasein oberhalb des Wolkenmeeres für die Lebewesen eine zweifache Isolation, ein Eiland innerhalb einer Insel. Diese Voraussetzungen haben zu einer großen Vielfalt an endemischen Gewächsen geführt, die es nur hier gibt.

∧ Die Ucanca-Ebene und die hier mehrfachen linsenförmigen Schichtwolken über dem Teide, gewöhnlich als „Sombrero del Teide" (Teidehut) bekannt, die nach der Volksweisheit auf ein Unwetter hin deuten. Die feuchte Luft kondensiert sich beim Aufstieg über das abrupte Gelände.

WELTNATURERBE

Der Nationalpark im Herzen der Insel Teneriffa ist der größte und älteste der vier bestehenden kanarischen Nationalparks. Auf einer Fläche von 190 Quadratkilometern (18.990 ha) erhebt sich der Teide auf eine Höhe von 3.718 m und ist somit der höchste Gipfel Spaniens.

1954 wurde das Gebiet zum Nationalpark erklärt, seit 1989 trägt es das Europadiplom mit der höchsten Einstufung. Das Besucherzentrum in El Portillo ist der Natur der Las Cañadas gewidmet. 2007 wurde der Nationalpark in die Liste des Weltnaturerbes der UNESCO aufgenommen.

Kurzlebiger See nach Tauwetter. Im Hintergrund die Ausläufer Los Roques, gekrönt von einer Lentikulariswolke. Rechts der Felsen Cinchado.

Der Nationalpark

Der Vulkan Teide

Vom Meeresgrund aus gemessen ist der Teide nach den hawaiianischen Vulkanen Mauna Loa und Mauna Kea die dritthöchste und -größte Vulkanstruktur der ganzen Welt und die höchste Erhebung der Kanarischen Inseln und ganz Spaniens.

Die Formation begann vor etwa 170.000 Jahren nach einem gigantischen Abrutsch des vorherigen Vulkangebäudes, das noch größer als das derzeitige Gebilde war. So entstand der Vulkankessel Las Cañadas, von dem heute nur noch Teile seiner Wände zu sehen sind, da der Teide in seinem Inneren entstanden ist und den Kessel teilweise mit dem Auswurfmaterial gefüllt hat.

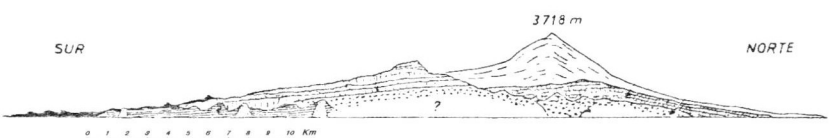

Geologischer Querschnitt von Telesforo Bravo

< Lavakanal an der Nordseite des Teide

WAS IST EIN STRATOVULKAN?

Die Strato- oder Schichtvulkane entstehen durch aufeinanderfolgende, zunehmend zähflüssigere Lavaergüsse. In den letzten 20.000 Jahren sind mehrheitlich Flankenvulkane des Teide ausgebrochen (Montaña Blanca, Pico Cabras, usw.), denn bei zunehmender Höhe ist es schwieriger, dass sich die Lava von der Spitze aus ergießt. (📖 *s. Landschafts-Info „Stratovulkan"*)

Die kanarischen Ureinwohner, die „Guanches", glaubten, der Herr des Bösen, der Teufel „*Guayota*", hauste im Inneren des Teide (**Echeyde**, die Hölle) und hätte den Gott „Magec" (Gott des Lichtes und der Sonne) zu sich in den Teide hinein entführt und somit die Insel ins Dunkle getaucht. Die Guanchen baten den höchsten Gott „Achamán" um Milde, der dann *Guayota* besiegte, *Magec* aus dem Inneren des Teide rettete und dessen Krater verschloss. Dieser Propfen soll der letzte Vulkankegel sein, die weiße Schicht, die den Teide krönt.

Vor Kurzem konnte dieser Ausbruch historisch festgelegt werden. Er geht auf das 8. Jahrhundert zurück. Die alte Guanchen-Legende beschreibt demnach tatsächlich dramatische Ereignisse.

In der Antike erweckte der Teide eine hohe Faszination. Der griechische Historiker Herodot bezieht sich zweimal auf den Teide: *„... Der Atlant ragt wie ein Kegel heraus. Es wird versichert, dass er so hoch ist, dass sich sein Gipfel der Sicht nicht freigibt, da ihn Wolken sowohl im Winter als auch im Sommer bedecken. Die Bewohner nennen ihn die Himmelssäule ..."*.

Eine andere Überlieferung von Herodot besagt Folgendes: „... *In jenen Meeren liegt ein Berg namens Atlant, so hoch, gewaltig und hervorragend, dass sein Gipfel kaum zu erblicken ist ...*".

Der römische Gelehrte Plinius der Ältere (24-79 n. Chr.) erwähnt in seinem naturwissenschaftlichen Werk „Naturalis historia" den Schnee, den die Gesandten des Königs Juba II auf dem Archipel entdeckten: „... *Die wolkenbedeckte Insel Ninguaria hat ihren Namen wegen des dort ewigen Schnees erhalten ...*".

Zur Zeit der Renaissance begannen viele Historiker und Reiselustige, die atlantischen Inseln den Resten der verschollenen Atlantis und den Teide dem Berg Atlas gleichzustellen, wobei sie die Kanarischen Inseln mit den höchsten Teilen des angeblich versunkenen Kontinents in Verbindung brachten.

Aufgrund seiner imposanten Höhe wurde der Teide während der europäischen Ausdehnung als der höchste Gipfel der Welt gehalten. Er diente sowohl spanischen, portugiesischen als auch britischen Seefahrern auf ihren Reisen auf dem Atlantischen Ozean gegen Süden als Anhaltspunkt.

Jean Charles Borda und seine Leute beim Ausmessen des Teide

Lavaströme im Süden des Pico Viejo

Geologische Entwicklung des Teide

Teneriffa bildet für Geologen eine entscheidende Ressource. Die Insel ist auf verschiedenen Höhenlagen von unterschiedlich tiefen Galerien vollständig durchbohrt, um das Grundwasser aufzufangen. Es handelt sich um kaum 1,8 x 1,8 m große Gänge, die gerade genug Platz für die Transportwägelchen oder die Wasser- und Lüftungskanäle bieten. Diese Tunnels haben den Geologen die Möglichkeit geboten, die zahl-

reichen Details der geologischen Geschichte Teneriffas zu erforschen.

Nach der Bildung des Cañadas-Kessels vor 200.000 Jahren, sei es aufgrund eines einzigen Hangrutschereignisses oder einer Kombination verschiedener Phänomene, führte die plötzliche Gewichtsbefreiung durch den Einbruch dieses Inselteils zu neuen Ausbrüchen.

Im Voraus hatten sich die Magmamassen entwickelt, die in den tieferen Bodenschichten Teneriffas verschlossen waren. Die magmatische Evolution eines ursprünglichen Magmas führt zu äußerst verschiedenen Gesteinen. Auf dem Weg an die Oberfläche ruht das Magma zeitweise in Reservoirs, in denen sich die Zusammensetzung nach und nach verändert: Bestimmte Komponenten kristallisieren und sinken aufgrund der Schwerkraft in den unteren Teil der Magmakammer ab. Dieser Vorgang führt dazu, dass die noch flüssige Magmamasse weniger dicht ist, gleichzeitig wird der Kieselsäureanteil erhöht, da andere

Substanzen verloren gehen.

Zusammengefasst entwickelt sich also **das basaltische Magma unter den nötigen Voraussetzungen zu Trachybasalt und danach evtl. zu Phonolith**, dem zähflüssigsten Magma aufgrund des hohen Kieselsäureanteils.

In der phonolithischen Endphase öffnet sich das Magma ruckweise während Jahrhunderten seinen Weg. Es ist wahrscheinlicher, dass die Ausbrüche eher an der Peripherie des großen Vulkans als auf seinem Gipfel auftreten.

Insgesamt bildet die letzte phonolithische Lavamasse des Nationalparks lediglich eine oberflächliche Kruste, aber zweifellos beherrscht dieses Gestein nicht nur wegen seiner Ausdehnung die Landschaft, sondern auch aufgrund der mächtigen Gesteinsbrocken und der gewaltigen Ausdehnungswelle infolge der Zähflüssigkeit.

Kurz gesagt und als Schlussfolgerung:

Der Teide ist in den letzten 170.000 Jahren gewachsen. Die Hauptformation, also der Teil, der sich bis zum Aussichtspunkt La Rambleta auf eine Höhe von 3.500 m zur Seilbahn-Bergstation hinauf zieht, entstand hauptsächlich in der Phase von Lavausbrüchen mittlerer Evolution (Trachybasalte) bis zu den letzten Ausbrüchen vor 32.000 Jahren, bei denen sich die genannte Rambleta gebildet hat.

Nach dieser Episode entsteht der Vulkan Pico Viejo und die Ausbrüche mit phonolithischem Material seiner Umgebung (Montaña Majúa, Montaña Blanca, Pico Cabras, usw.) Der letzte Ausbruch mit Phonolithgestein bildete den Teide-Gipfel. Der mit schwarzen Lavaströmen bedeckte Kegel erhebt sich auf eine Höhe von 3.718 m und gilt mit einer solchen Höhe als außergewöhnliche und unerwartete Eruption. Sie geht auf 1.200 Jahre zurück und entstand innerhalb des ehemaligen Kraters von La Rambleta.

Der Teide - das Weltnaturerbe

Mit der Liste der Weltnaturerben verfolgt die UNESCO das Ziel, kulturell oder natürlich besonders bedeutende Orte als Erbe der gesamten Menschheit zu erhalten und den Menschen näher zu bringen. In den Vorschriften zu diesem allgemeinen Ziel wird festgehalten, dass eine Stätte diverse Voraussetzungen erfüllen muss, um als Weltnaturerbe anerkannt zu werden: Neben einer herausragenden **universellen Bedeutung (die Einzigartigkeit) muss der Ort auch mindestens eine von 10 Auswahlkriterien erfüllen.** (6 davon sind kulturell bedingt, die anderen 4 Kriterien beziehen sich auf natürliche Aspekte).

Man darf schon ganz zu Anfang an behaupten, dass der Teide-Nationalpark mehr als genug Voraussetzungen hat, um sogar alle 4 Kriterien in Bezug auf den natürlichen Wert zu erfüllen. Die **Sache in sich ist jedoch, die universelle und einzigartige Bedeutung** zu belegen und zu zeigen, worin sie besteht, um in die Liste der UNESCO aufgenommen zu werden.

Der Antrag konzentrierte sich auf das achte Kriterium der UNESCO, genauer genommen auf dessen ersten Teil: *Die Güter stellen außergewöhnliche Beispiele der Hauptstufen der Erdgeschichte dar.* Über jeden ästhetischen oder geomorphologischen Aspekt kann mehr oder weniger diskutiert werden und andererseits gibt es schon viele andere Beispiele vulkanischer Zonen als Weltnaturerbe. Wenn man dazu noch die Bedeutung für die Erdgeschichte darstellt, zeichnet sich der universelle Wert ab, der für die Liste gemäß UNESCO-Vorschrift unerlässlich ist.

Aber **was trägt der Teide dazu bei, als außergewöhnliches Beispiel der Erdgeschichte zu gelten?** Der Vulkan Teide ist der Höhepunkt in der Entwicklung einer Ozeaninsel. In genau diesem Zusammenhang der Erdgeschichte nimmt der Vulkan seinen außergewöhnlichen und einzigartigen Platz ein. Der kanarische Archipel besteht aus Inseln im Intraplattenbereich auf einer dicken Ozeankruste in der Nähe eines Kontinents. Diese Voraussetzungen führen dazu, dass die Subsidenz der Kanaren (die Senkung der Ozeankruste aufgrund des Gewichtes einer Insel) beinahe nicht vorhanden ist. Die Inseln können also mehr als 20 Millionen Jahre über der Meeresoberfläche bestehen. In dieser langen Zeitspanne machen die Magmamassen äußerst langsame Veränderungen durch, bis das **nötige Lavagestein zur Bildung eines "Teide" entstanden ist.**

Die ältesten Kanarischen Inseln wie Fuerteventura und Gran Canaria hatten *"ihren Teide"* schon einmal, andere wie La Palma oder El Hierro sind noch nicht so weit. Diese These können wir in die restlichen Weltteile übertragen und festlegen, dass die geschichtliche Entwicklung anderer Inselgruppen ähnlicher Art viel kürzer ist und dass sich, wie man es ausdrücken könnte, keine *"Teide"* bilden können, sei es wegen einer dünneren Ozeankruste und demnach einer höheren Subsidenz oder aus anderen Gründen.

Allerdings wurde der Nationalpark in der endgültigen Erklärung der UNESCO nicht nur wegen des achten Kriteriums als Weltnaturerbe eingestuft, sondern auch wegen Punkt Sieben: *Die Güter weisen überragende Naturerscheinungen oder Gebiete von außergewöhnlicher Naturschönheit und ästhetischer Bedeutung auf.* Dies bezeugt die endgültige Erklärung der Weltorganisation:

Der Teide-Nationalpark auf der Insel Teneriffa umfasst auf einer Fläche von 18.990 ha den Stratovulkan Teide-Pico Viejo mit einer Höhe von 3.718 m, dem höchsten Punkt

Spaniens. Mit einer Erhebung von etwa 7.500 m über dem Meeresgrund handelt es sich um die dritthöchste Vulkanstruktur der Welt inmitten einer großartigen Umgebung. Noch beeindruckender wirkt das Gebiet durch die atmosphärischen Bedingungen, die ständig andersartige landschaftliche Strukturen und Farbtöne sowie das „Wolkenmeer" bewirken, einen hinreißender Hintergrund des Gebirges. Überaus wichtig ist der Teide für das Verständnis der geologischen Prozesse, die zur Entwicklung der ozeanischen Inseln beigetragen haben. Er vervollständigt die auf der Weltliste schon aufgenommenen vulkanischen Eigenschaften wie jene des Nationalparks der hawaiianischen Vulkane (USA).

Der Teide, abgebildet aus der Weltraumstation in einer Höhe von 339 km (20.05.2006). Der Krater mit einem Durchmesser von 80 m ist im Vergleich zu den 800 m des Pico Viejo (s. Foto) klein. Am Umriss der großen Vulkanbasis sind weitere Lavaströme und Gesteinsgänge phonolitischer Ausbrüche zu erkennen. Das Bild ist ein Auszug des Buchumschlags (Foto: NASA).

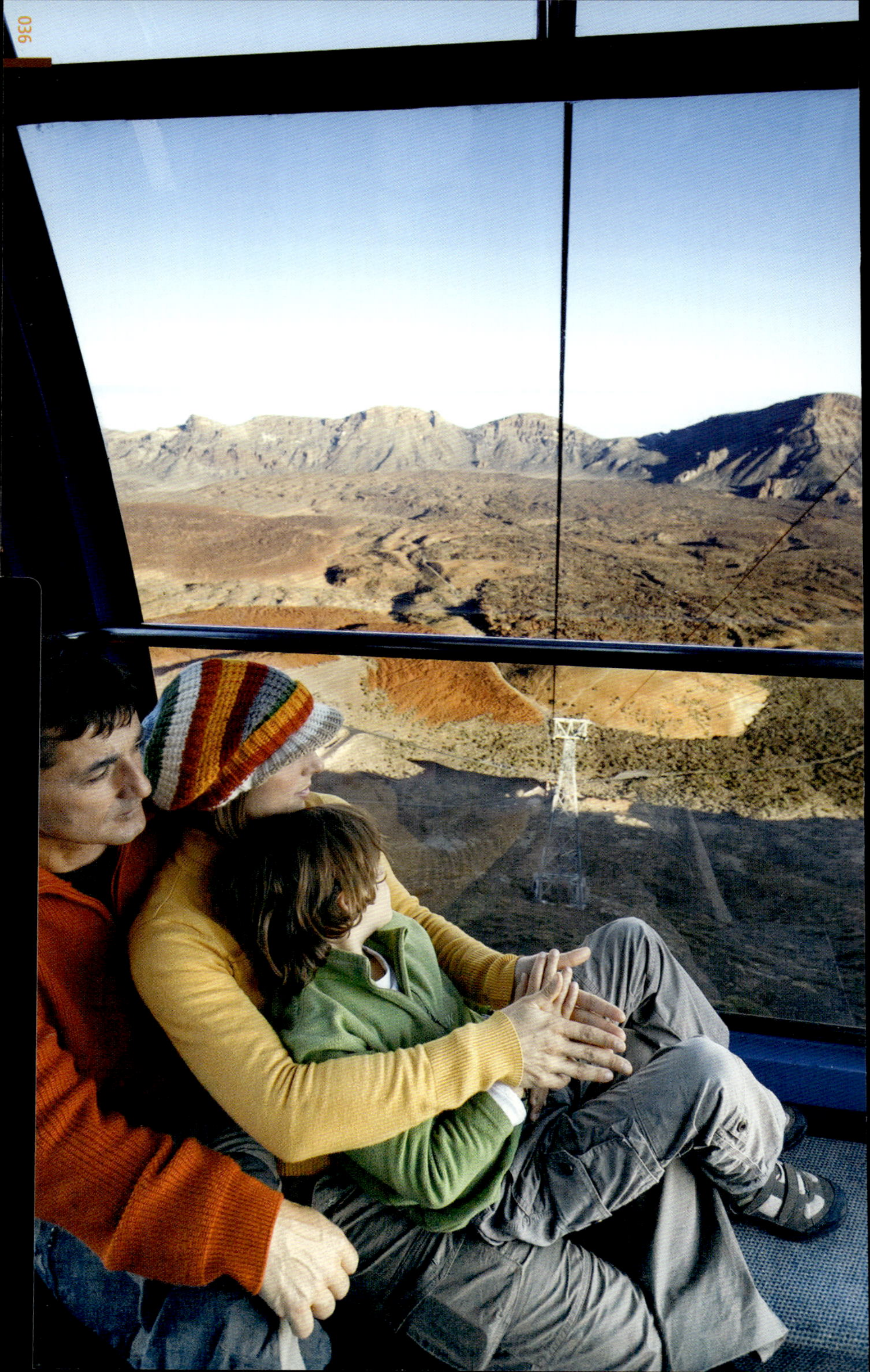

Die Teide-Seilbahn
Allgemeine Info

Eines der besten Erlebnisse bei einem Besuch des Nationalparks ist die Fahrt auf den Teide-Gipfel. Der höchste Berg Spaniens zeigt sich hier mit seiner majestätischen Vulkan-Landschaft von der besten Seite.

Mit der Teide-Seilbahn kann man die Unendlichkeit der Landschaft am besten genießen und schwebt einzigartig zwischen Kratern und Lavaströmen. Der Himmel verschmilzt mit dem Meer, während am Horizont die Inseln Gran Canaria, La Gomera, El Hierro und La Palma erscheinen. Entdecken Sie die Flanken dieses großen Vulkans, einfach ein unvergessliches Abenteuer!

∧ Historisches Foto der ersten Kabinen der Teide-Seilbahn 1973.
< Die Seilbahn verläuft über einen relativ alten Abhang (mehr als 30.000 Jahre), auf dem im ersten Teilstück der Fahrt zahlreiche Ginster- und vereinzelte Geißklee-Gruppen gedeihen.

TALSTATION

Die Talstation liegt auf einer Höhe von 2.356 m. Die moderne Anlage verfügt über zwei Kabinen für max. 44 Personen und legt die Fahrt bis zur Bergstation in etwa acht Minuten zurück. Die Talstation bietet zudem eine spektakuläre Aussicht auf die atemberaubenden Höhen um den Vulkan Teide herum.

Es ist der beste Ort, um sich über die verschiedenen Routen zu informieren, die von der Bergstation aus möglich sind.

Kostenlose Parkplätze für 220 Fahrzeuge stehen bei der Seilbahnstation von 9.00 h bis 18.00 h zur Verfügung. Zusätzlich umfasst sie einen Aufenthaltsraum, eine Cafeteria und ein Restaurant mit Buffet-Betrieb mit herrlichen Blicken auf den Nationalpark, einen Souvenir-Shop und Toiletten.

Wir empfehlen, Ihren Ausflug auf die ersten Morgenstunden festzusetzen. Ab 9 Uhr sind die Aussichten umwerfender und Ihr Aufenthalt kann bequemer und ohne Verzögerungen erfolgen.

BERGSTATION

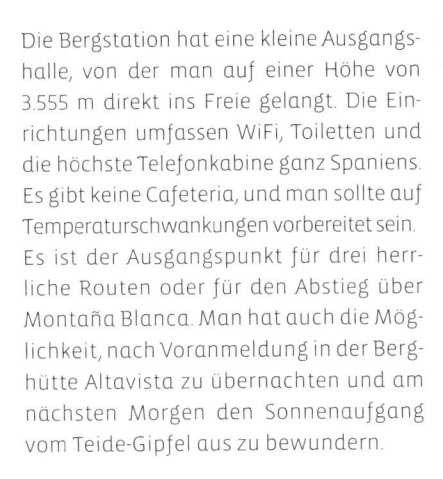

Die Bergstation hat eine kleine Ausgangshalle, von der man auf einer Höhe von 3.555 m direkt ins Freie gelangt. Die Einrichtungen umfassen WiFi, Toiletten und die höchste Telefonkabine ganz Spaniens. Es gibt keine Cafeteria, und man sollte auf Temperaturschwankungen vorbereitet sein. Es ist der Ausgangspunkt für drei herrliche Routen oder für den Abstieg über Montaña Blanca. Man hat auch die Möglichkeit, nach Voranmeldung in der Berghütte Altavista zu übernachten und am nächsten Morgen den Sonnenaufgang vom Teide-Gipfel aus zu bewundern.

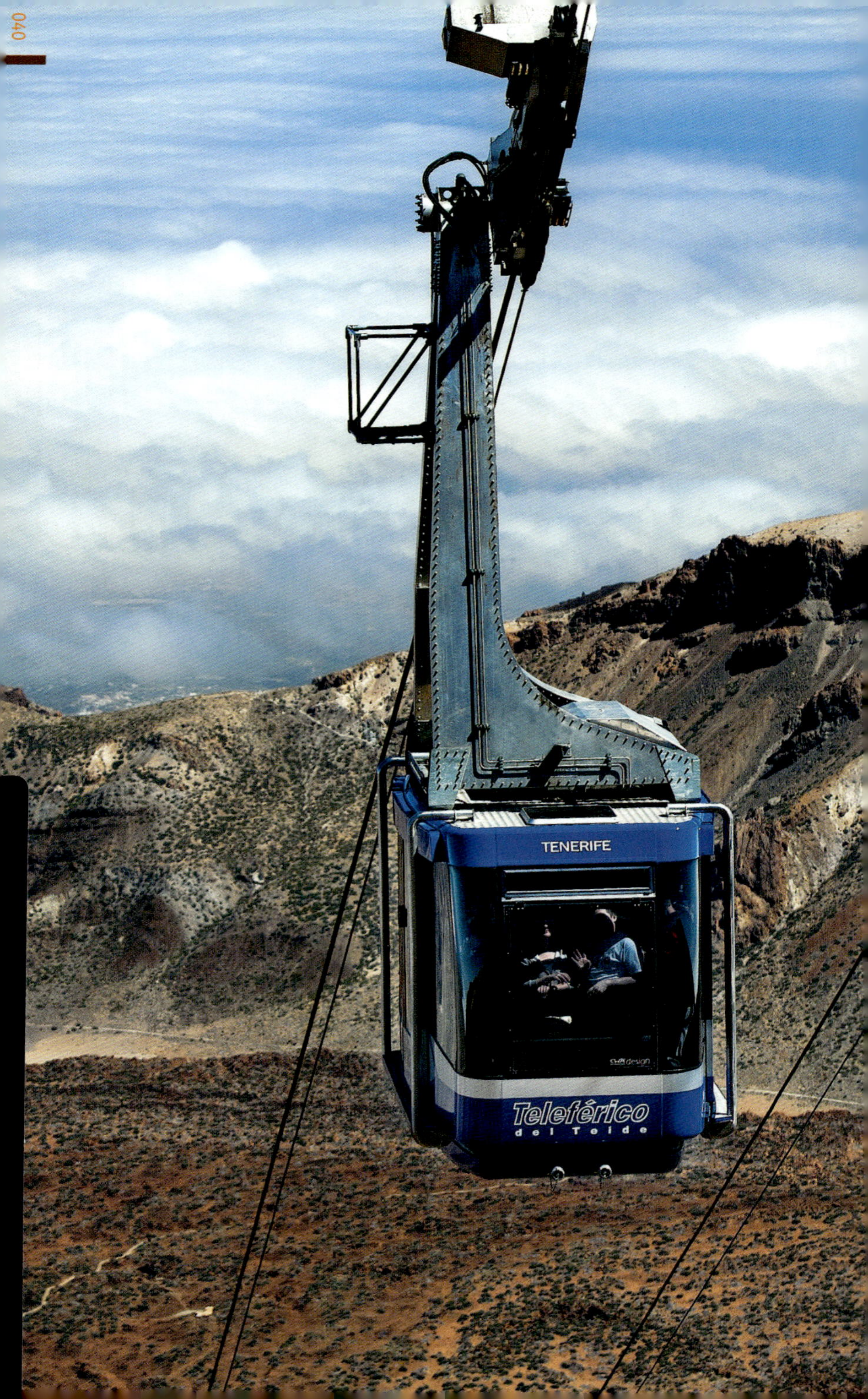
TENERIFE
Teleférico
del Teide

Die Seilbahn-Fahrt

Die zwei Kabinen der Seilbahn bieten jeweils maximal 44 Personen Platz. In etwa 8 Minuten legt die Seilbahn einen vertikalen Höhenunterschied von 1.150 m hinter sich. Während der Fahrt nach oben öffnet sich dem Besucher die Farben- und Texturvielfalt dieses großen Vulkans. Die Landschaft breitet sich vor Ihnen aus, jedes Mal mit weiteren Blicken.

Schließlich gelangt man auf die Bergstation, den Ausgangspunkt für die Routen, die in diesem Wanderführer beschrieben werden. So können Sie Ihren Aufenthalt auf dem Gipfel in Ruhe genießen.

1. Aussicht von der Talstation
2. Die Bergfahrt
3. Aussichtspunkt La Rambleta, Bergstation

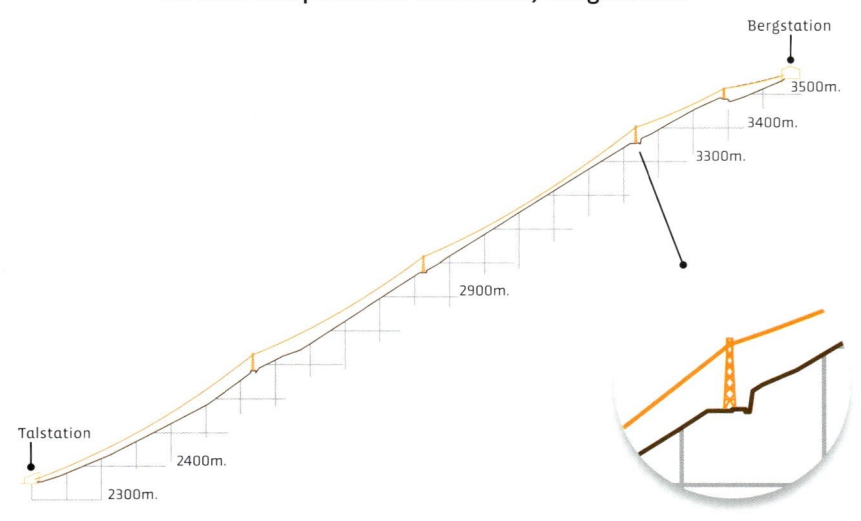

1. AUSSICHT VON DER TALSTATION

Der Talstation zu Füßen liegt auf der anderen Seite der Hauptstraße ein abgeflachter, heller Hügel aus Bimsstein-Ablagerungen. Es ist Montaña Majúa. Während der Bergfahrt lässt sich die breite Lavamasse, die sich gegen die andere Seite des Hügels hin ausgedehnt hat, besser erkennen.

Montaña Majúa gradlinig gegenüber sehen Sie an der Kesselwand von Las Cañadas deutlich eine ziemlich hervorstechende Erhebung. Es ist der Gipfel Guajara, der höchste Punkt der ganzen Kesselwand. Er erreicht eine Höhe von 2.715 m (550 m vom Fuß bis zur Spitze). Piazzi Smyth installierte auf dem Gipfel 1856 sein Teleskop. Am rechten Abhang von Guajara zeichnen sich unten die Silhouetten der Felsformationen Roques de García ab.

Guajara — Montaña Majúa — Roques de García — Talstation

Guajara — Montaña Majúa

Auf Montaña Majúa und in der Umgebung wachsen zahlreiche Teideginster, von denen einige schon ihr weißes Frühlingskleid tragen. Die gelben Farbtupfer in der Landschaft sind die Blüten der Teide-Rauke (Teidestroh), die jedoch sonst beinahe das ganze Jahr hindurch ihr strohiges Aussehen bewahrt.

Montaña Blanca

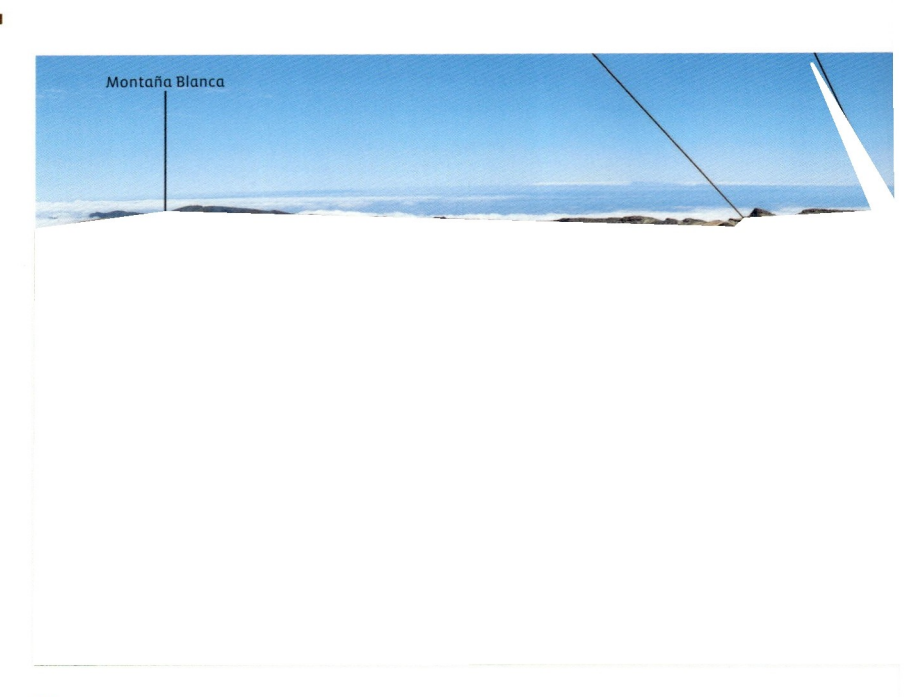

2. DIE BERGFAHRT

Kurz nach Beginn der Bergfahrt bemerkt man den großen Lavastrom, der in der Schlotöffnung der Montaña Majúa austrat. Eine der „Lavazungen" verläuft in riesigen Wellen in Richtung des Hotels.

Von beiden Seiten der Kabine aus sichtet man zwei schwarze „Lavaarme", die vom letzten Ausbruch des Teide im 8. Jahrhundert herrühren und den Vulkan krönen. Die Bergstation liegt genau auf dem unteren Teil der Kegelspitze jener Eruption.

Nach der ersten Seilbahn-Stütze zeichnet sich links der Gipfel von Montaña Blanca (2.750 m) ab. Der Bimsstein prägt seine helle, bräunliche Farbe.

Nach und nach zeigt sich die beeindruckende Senke Las Cañadas del Teide immer deutlicher, gekrönt vom zentralen und höchsten Gipfel, dem Guajara (2.715 m). Vom Fuß bis zur Spitze zieht er sich 550 m hinauf, während die restliche Kesselwand eine durchschnittliche Höhe von 300 bis 400 m hat. Zur Rechten ist in der Ferne die Ucanca-Ebene zu erkennen. Die Felsformation Los Roques bilden die Grenzlinie, zu der hin sich eine andere braune Lavazunge erstreckt und kurz vor den Felsen aufhört. Je nach Tageslicht erkennt man zwei gewaltige Stoßwellen auf der Oberfläche dieses zähflüssigen Lavastroms.

Im Horizont sind links die Inseln Gran Canaria und rechts La Gomera zu erspähen. Hinter La Gomera zeichnen sich an hellen Tagen die Bergrücken der Insel El Hierro ab.

Montaña Majúa   Ucanca Ebene

Ucanca Ebene

An den Teide-Abhängen ist bei zunehmendem Aufstieg die Veränderung der Pflanzenwelt zu erkennen. Der Teide-Ginster und Geißklee werden wegen den harten klimatologischen Bedingungen immer gedrungener. Schließlich verschwinden sie auf einer Höhe von etwa 3.250 m kurz unter der dritten Seilbahn-Stütze gänzlich.

Montaña Rajada   Montaña Blanca

3. AUSSICHTSPUNKT AUF DER BERGSTATION

Neben der Bergstation liegt der Aussichtspunkt La Rambleta, eine herrliche Terrasse mit Blick auf den ganzen Park. Bei der Betrachtung dieser gewaltigen Caldera mit einer Ausdehnung von 16 km fällt einem zuerst auf, dass sie eigentlich tiefer sein sollte. Die große ursprüngliche Absenkung, von der Kesselwand Las Cañadas eingegrenzt, ist heute teilweise mit dem Teide und mit vulkanischen Ablagerungen bedeckt.

Gegen links hin liegt der östliche Teil der Caldera. Das beste Licht ist jeweils am Abend zu finden. Zu unseren Füßen breitet sich ein markanter, schwarzer Lavakanal aus, der auf den letzten Teide-Ausbruch zurückgeht (8. Jahrhundert). Im Hintergrund Montaña Blanca mit der Eruptionsspalte und Montaña Rajada.

Zwischen den beiden breitet sich fächerartig ein beeindruckender Lavastrom aus. Er ist als Tabonal Negro bekannt. In derselben Richtung sieht man am Horizont häufig Gran Canaria.

Außerhalb der Senke, die diese Caldera bildet, sehen wir links den oberen Teil des Orotava-Tals, die Izaña-Sternwarte und rechts erkennt man die historischen Ausbrüche von Fasnia und Siete Fuentes mit ihrem intensiven Schwarzton. Hinter uns hebt sich 160 m über dem Aussichtspunkt La Rambleta die Silhouette des Teide-Gipfels ab.

Topo de la Grieta

Tabonal Negro

Der Lavastrom Tabonal Negro war einer der wichtigsten Gebiete für die Ureinwohner, um sich mit „Tabonas" einzudecken, ihren scharfen Werkzeugen aus vulkanischem Glas, das wir heute als Obsidian kennen. Dieses Gestein diente den Guanchen zur Herstellung von anderen, spitzen Werkzeugen wie Lanzenspitzen oder Messer.

„Eine der erhabensten Leistungen der Natur, in der sich all ihre überwältigenden Ressourcen zu einem grandiosen und unübertrefflichen Effekt vereinen, ist der Sonnenaufgang vom Vulkan Teide aus.

Sollte es eine Person geben, deren Seele noch nie zutiefst erschauert ist, muss sie die Ekstase auf dem Vulkangipfel erleben."

Olivia M. Stone 1887

Wanderwege

Dieses Kapitel bildet den Hauptteil des Wanderführrers. Beschrieben sind neben den drei Wanderwegen mit Ausgangspunkt Seilbahn-Bergstation auch der Aufstieg zum Teide, der vom Fuß des Bergs Montaña Blanca in die direkte Nähe des Aussichtspunktes La Fortaleza bis zum Aussichtspunkt La Rambleta führt.

Nach der Bergfahrt mit der Seilbahn steht Ihnen entweder ein Zeitraum für den Aufstieg auf den Krater (Pico Teide, der Teide-Gipfel) oder zu den Aussichtspunkten Pico Viejo oder La Fortaleza zur Verfügung. Für den Aufstieg auf den Krater ist allerdings eine Spezialgenehmigung erforderlich, erhältlich über www.reservasparquesnacionales.es.

Der Auf- oder Abstieg zum Teide über die Montaña Blanca kann mit der Seilbahn kombiniert werden. Sollten Sie nicht an Wanderungen im Hochgebirge gewohnt sein, empfehlen wir Ihnen den Abstieg, um danach eine Kombination für die Rückfahrt von der Hauptstraße aus bis zur Seilbahn-Station zu nehmen. Mehr dazu unter den Empfehlungen dieses Wanderführers am Anfang jeder Route.

- Wanderweg Nr. 12 *Aussichtspunkt Pico Viejo*
- Wanderweg Nr. 11 *Aussichtspunkt La Fortaleza*
- Wanderweg Nr. 10 *Teide Gipfel, Telesforo Bravo-Pfad*
- Wanderweg Nr. 7 *Montaña Blanca - Teide*

Wanderweg Nr.12: *Aussichtspunkt Pico Viejo*

Wanderweg Nr. 12
AUSSICHTSPUNKT PICO VIEJO

Dieser Wanderweg führt gegen die Westflanke des „Pilón" (des Teide-Gipfels) und gewährt Blick auf den Krater von Montaña Chahorra oder Pico Viejo. Er ist mit seinen 800 m Durchmesser und seiner Höhe von 3.104 m eines der beeindruckendsten Vulkangebäude der Kanaren. Der letzte historische Ausbruch dieser Zone fand 1798 statt. Zeugen davon sind in der Ferne nur noch Teile der ausgeflossenen Lava. Der Vulkan spie die Lavamassen während drei Monaten durch die Krater „Las Narices del Teide", die sogenannten Teide-Nasen, an den westlichen Flanken des Pico Viejo (von hier aus nicht sichtbar) aus. Schon der Weg allein lohnt sich wegen seiner herrlichen Aussicht auf die ganze Südflanke der Insel. Deutlich zu erkennen ist der riesige Vulkankessel, der von steilen Felsformationen ringsum eingegrenzt wird, wobei vor allem der Hügel Montaña Guajara hervorsticht.

Auffallend sind auch die Lavazungen, die sich den Vulkanabhang hinab bis beinahe zu den eingrenzenden Kesselwänden ziehen. Die verschiedenen Engpässe rings um den Kessel heben sich deutlich ab, wie auch die steil emporsteigenden Felsen Roques de García neben dem Hotel Parador de Turismo.

Am Ende des Wanderwegs können Sie aber nicht nur den farbenfrohen Krater des Pico Viejo bewundern, sondern der Blick reicht bis auf die Süd- und Westküste der Insel Teneriffa. Sogar die Dörfer, die großen Tourismusanlagen oder der Südflughafen sind zu erspähen.

Die Insel La Gomera ist zum Greifen nahe, ein wenig weiter dahinter liegen die Inseln Hierro und La Palma.

Wanderweg Nr. 12
AUSSICHTSPUNKT PICO VIEJO

🚶 Schwierigkeitsgrad: Mittelschwer

🕐 30 Minuten

Streckenlänge: 751 m
Höhenunterschied: 55 m

Eine landschaftlich und vulkanologisch sehr interessante Wanderung mit Blick auf die charakteristischen Lavaströme und den vielfarbigen Pico Viejo, den spektakulären Vulkankrater mit einem Durchmesser von 800 Metern.

Stopps
1. Die Caldera
2. Ein weiterer, älterer Krater
3. Fumarolen
4. Beim Durchqueren der Teide-Krawatte
5. Schwarzer Lavastrom mit großen Felsenkugeln
6. Gomera, Hierro und La Palma
7. Krater des Pico Viejo

053

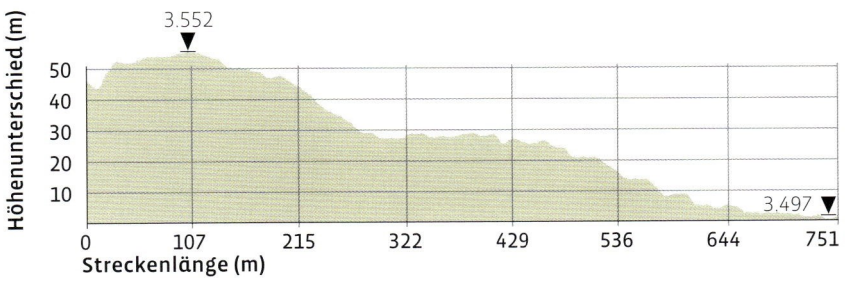

Wanderweg Nr. 12

Höhenunterschied (m)

3.552

3.497

Streckenlänge (m)

Wanderweg Nr.12 · Aussichtspunkt Pico Viejo

1| Die Caldera. Der Wanderweg beginnt am Aussichtspunkt unterhalb der Seilbahn-Station. Er bietet einen umfassenden Blick auf die majestätische Caldera Las Cañadas. Die natürlichen Grenzen des Teide-Nationalparks bildet genau dieser Kessel, eine **Caldera** elliptischer Form von 16 x 11 km, in deren Innern sich der Stratovulkan Teide bildete.

Die Bezeichnung „Las Cañadas" beruht auf den Ebenen, die am Rand der Kesselwand liegen und als Viehpfad („cañada" = Weideweg) benutzt wurden. Die größte Ebene ist unter dem Namen „Llano de Ucanca" (die Ebene von Ucanca) bekannt. ❻. Riesige Lavamassen verhindern, dass das von den Abhängen herunterfließende Wasser einen Ausgang findet. Daher sammeln sich die mitgeschwemmten Materialien am Fuß der Abhänge an und bilden nach und nach die genannten Ebenen.

Die **Entstehung dieser Caldera** ist noch nicht ganz geklärt. Es bestehen zwei hauptsächliche Hypothesen. Die eher wahrscheinliche verteidigt einen Ursprung, der sich ausschließlich auf Erosionsprozesse stützt. Es soll in der Nähe der heutigen Gemeinde Icod auf der Nordseite einen Ausgang gegeben haben, der gegenwärtig von den Lavaströmen des Teide-Vulkans bedeckt ist. Bei der anderen Theorie geht man davon aus, dass sich der Kessel durch das Entleeren einer untiefen Magmakammer rasch absenkte.

Rechts von der Seilbahnstütze hebt sich an der Kesselwand der höchste Gipfel der Caldera ab, der Guajara.❶ Am Fuß lassen sich die gelben Flecken namens „El Capricho" erkennen. ❷. Weiter rechts den Bergkamm entlang fällt die große „Lavatorte" von El Sombrero de Chasna („Chasna-Hut") auf ③, daneben rechts, beinahe am Ende des sich senkenden Bergrückens, sticht El Sombrerito, das „Hütchen" hervor ④. Die schwarzen Lavafelder im Caldera-Inneren ganz rechts sind Überreste der Eruption der Narices del Teide 1798 ⑤. Neben den Lavaströmen „Lavas Negras" des Teide-Gipfels sind es die bedeutendsten schwarzen Lavafelder im Inneren von Las Cañadas.

Ganz im Hintergrund erkennt man - falls nicht vom Wolkenmeer verdeckt - die Südküste mit Montaña Roja zur Linken, die Küste von Las Galletas und die Silhouette des großen Bergs Montaña de Guaza nahe von Los Cristianos. Im Horizont ganz rechts liegt die Insel La Gomera und dahinter El Hierro.

BEGINN
DER ROUTE

Die Terrasse unterhalb der Bergstation ist der Ausgangspunkt für den Wanderweg zum Pico Viejo.

2| Ein weiterer, älterer Krater Gleich nach Beginn der Wanderung erscheint links eine weißliche Erhebung, die sich den Wanderweg entlang zieht. Es handelt sich um **Überreste des ehemaligen Kraters**, der vor der letzten Teide-Eruption bestanden hat. Verändert wurde die ganze hellfarbige Anhöhe durch heiße Schwefel- und Dampf-Ausströmungen der Fumarolen, auf die wir an verschiedenen Stellen stoßen werden. Wir erhalten auch schon einen ersten Blick auf die äußeren Felskanten des Teide-Gipfelkraters.

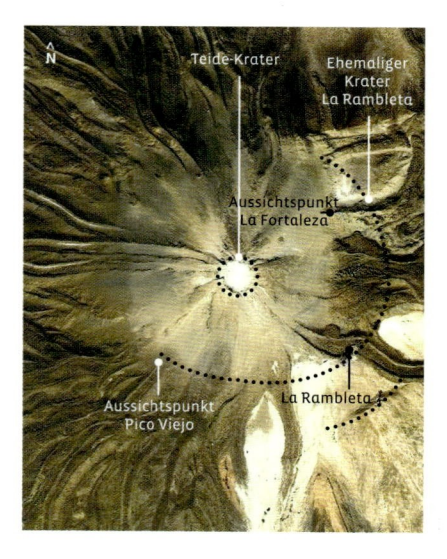

Lage des ehemaligen Kraters La Rambleta.>

STÄNDIGE
OBSERVATION

Um eventuellen Ausbrüchen vorzubeugen, steht der Teide unter ständiger Beobachtung. Das heißt, dass fortlaufend Angaben aufgenommen werden, wie Daten über die Bodenverformung, Erdbebenregister oder Zusammensetzung sowie Verhältnis der diversen magmatischen Gase. Abbildung: Gasmessstation.

Wanderweg Nr. 12

Wanderweg Nr.12 *Aussichtspunkt Pico Viejo*

3| Fumarolen. Nachdem wir eine längere, gerade Strecke hinter uns gelassen haben, tauchen in der ersten Kurve des Wanderwegs Fumarolen im Boden auf. Ihre weißen und gelben Mineralüberzüge oder Effloreszenzen beruhen auf der Sublimation (dem unmittelbaren Übergang vom Gaszustand in festen Stoff) diverser Substanzen aus dem Dampf der Fumarolen.

Schwefelkristalle in einer Fumarole. >

MINERALIENABLAGE-RUNGEN

Der Teide besitzt nach wie vor ein Magmareservoir, das zunehmend erkaltet und Gas herausarbeitet. Dieser Vorgang führt zu den Ausströmungen des Vulkans. Dabei handelt es sich vorwiegend um Wasserdampf, CO_2, Stickstoff und Schwefelgase (SO_2 y SH_2), aus denen sich Schwefelkristalle aufgrund der Sublimation herausbilden. Ferner entsteht aus der Reaktion mit dem Wasserdampf Schwefelsäure, die zu Gesteinsveränderungen führt und sogar die Kleider angreifen kann.

Wanderweg Nr.12: *Aussichtspunkt Pico Viejo*

4| Überquerung der Teide-Krawatte. Nach einer Zickzacklinie des Wanderwegs wird der Weg breiter und wir erblicken in einiger Distanz den Umriss der großen, klaren Erhebung, die zu einem Sektor des **ehemaligen Kraters** La Rambleta gehört (s. Punkt 2).

Rechts zieht sich die helle, abgeänderte Fläche nach unten, durchquert von einem schwarzen Lavastrom, der sie in zwei Teile trennt.

Man erspäht im westlichen Teil der Caldera die Ucanca-Ebene, am Horizont die Inseln La Gomera und El Hierro.

< Das typische Bild der Teide-Krawatte von der Felsformation Roques de García aus.

> Am Wanderweg tauchen einige Margeriten auf.

Wanderweg Nr.12 · *Aussichtspunkt Pico Viejo*

5| **Schwarze Lavaströme mit großen Felsenkugeln**. Zu unseren Füßen breitet sich eine flache, steil herabfallende Fläche aus. ① Es handelt sich um eine der Innenwände eines **Lavakanals**, der durch einen höheren, rechts liegenden Lavafluss teilweise verschüttet worden ist ②. Dieser hat eine breite, fast horizontale Fläche ③ mit einer Anhäufung diverser Lavakugeln, die den Vulkanhang herabgerollt sein mussten. Die Kugeln entstanden durch abgebrochene, verfestigte Lavamassen, die beim Herunterrollen auf der flüssigen Lava wie ein Schneeball anwuchsen.

Lavakugel in der Nähe des Wanderwegs
s. Landschafts-Info

> Blick vom Gipfel des Teide aus über den Lavastrom, der Mitte rechts des oberen Fotos wie eine horizontale Plattform erscheint. (② und ③). Die Streiflicht-Beleuchtung zeigt einmal mehr die Morphologie eines, in diesem Falle stark gefüllten Lavakanals mit parallelen Seitenlinien.

Wanderweg Nr. 12

Wanderweg Nr.12 · *Aussichtspunkt Pico Viejo*

6| Gomera, Hierro und La Palma.

Kurz vor einem erneuten Gefälle breitet sich der Weg wiederum aus und legt die Sicht frei auf den letzten Teil der Wanderung. Zum ersten Mal erblickt man den gesamten Krater Pico Viejo.

Wahrscheinlich sieht man am letzten Aussichtspunkt gegenüber des Pico Teide andere Wanderer ①, was uns als Maßstab dient, um die Dicke ② dieser mächtigen, zähflüssigen Lavaströme des letzten Teide-Ausbruchs zu erkennen, denn der Aussichtspunkt liegt auf einem dieser Lavaströme.

Auf der anderen Seite erspäht man rechts bei klarem Wetter das Teno-Gebirge. Am Horizont tauchen die Inseln La Gomera, El Hierro, La Palma und links Gran Canaria auf.

> Wanderer am Aussichtspunkt Pico Viejo. Er liegt auf einem dicken Lavastrom, vom dem auf einer Seite die aufgeschütteten vulkanischen Schlacken klar erkennbar sind. ②

Wanderweg Nr. 12

Wanderweg Nr.12 · Aussichtspunkt Pico Viejo

7| Krater Pico Viejo. Der Aussichtspunkt liegt dem majestätischen Pico Viejo gegenüber, der bis auf 3.104 m mit einem Krater mit 800 m Durchmesser stolz hervorragt. Am Besten besucht man ihn frühmorgens und wenn kein Schnee liegt, denn dann erscheint der bunte Bimsstein-Mantel von seiner prächtigsten Seite. Er stammt aus eher jüngeren Ausbrüchen, bei denen der Bims zusammen mit grauen Materialien explosivartig aus einem 300 m breiten und 100 m tiefen „Trichter" innerhalb des Kraters Pico Viejo selbst geschleudert wurde. All diese Ereignisse haben zusammen die außergewöhnliche Farbenvielfalt gestaltet.

Innerhalb des Kraters erkennt man links im südlichen Teil eine ausgedehnte Ebene. Es handelt sich um Überreste eines Lavasees im Krater, von dem aus die Mehrheit der Lavaströme nach außen geflossen sind. Nach Beendigung der Aktivität entleerte sich der See in den Vulkanschlot zurück.

Je nach Wetterverhältnissen sieht man rechts in Richtung Teno eine Vulkanreihe. Es ist der nordwestliche Bergkamm oder die Vulkankette von Chío, eine Reihe von achsenförmig ausgerichteten Ausbruchskegeln. Sie gehen vorwiegend auf junge Ausbrüche zurück, die vor wenigen Jahrhunderten oder Jahrtausenden entstanden sind. Man erblickt sogar den Vulkan Chinyero, den letzten Ausbruch auf Teneriffa im Jahre 1909. Hinter der Vulkankette liegen Santiago del Teide und am Horizont die Inseln La Gomera, El Hierro und La Palma.

Wanderweg Nr. 12

Wanderweg Nr.11 · *Mirador de la Fortaleza*

Wanderweg Nr. 11
MIRADOR DE LA FORTALEZA

Der beeindruckende, stark gewundene Wanderweg zum Aussichtspunkt La Fortaleza verläuft wortwörtlich durch verschiedene, etwa 16 Meter dicke Lavakanäle mit unerwarteten Gefällen. Häufig ist man sich den Größenverhältnissen gar nicht bewusst. Orientieren Sie sich an anderen Wanderern, die Ihnen als Maßstab dienen können.

Ziel der Wanderung ist der Blick auf die andere Seite der Insel und auf den niedrigsten Teil der Caldera Las Cañadas im Osten. Der letzte Teil der Kesselwand besteht nämlich genau aus einem einzigen, hell ockerfarbenen phonolithischen Lavastrom. Dessen Aussehen und seine Größe würdigen seinen Namen: La Fortaleza - die Festung.

Der Weg zum Aussichtspunkt durchquert ein chaotisches Lavameer. Man muss sich dabei die mächtigen Lavaflüsse mit den Gesteinsblöcken vorstellen, die unter gewaltigem Knirschen zerbrechen und gegeneinanderstoßen. Mehrere, aufeinanderfolgende Lavaströme schichteten sich teilweise auf. Die wichtigsten Gefälle und Aufstiege des Wegs kennzeichnen die Stellen, an denen man von einem Lavaarm zum anderen wechselt. Andere, weniger ausgeprägte Höhenunterschiede beruhen auf den Lavawänden, welche die Lavaströme durch eine natürliche Kanalbildung beidseitig einschließen.

Mit der Luftaufnahme wird diese chaotische Lavamasse verdeutlicht, durch welche sich der Wanderweg schlängelt. Er beginnt beim Nebengebäude der Bergstation und führt zuerst durch einen Lavakanal hindurch, den man nach wenigen Metern hinter sich lässt, um danach etwa 16 m nach unten zu steigen. Dieses Gefälle entspricht ungefähr der tatsächlichen Dicke des Lavastroms. Im nächsten Teil durchquert man ein „Malpaís", ein Schlackenfeld, das beinahe viermal breiter ist als der anfängliche Kanal. Im zentralen Teil trifft man wiederum auf einen Lavakanal, dessen Seiten jedoch weniger ausgeprägt zu erkennen sind als bei demjenigen zu Anfang des Wanderwegs. Aufmerksamen Wanderern jedoch entgehen diese vulkanischen Formationen nicht.

< La Fortaleza, bedeckt mit einer dünnen Frostschicht. Auffallend ist der schneebedeckte Krater Montaña Negra mit seinem Vulkankegel.

Wanderweg Nr. 11
MIRADOR DE LA FORTALEZA

🚶 Schwierigkeitsgrad: Mittelschwer

🕐 25 Minuten

Streckenlänge: 585 m
Höhenunterschied: 21 m

Diese Wanderung durchquert ein anscheinend chaotisches Lavameer, Zeuge des wuchtigen Ursprungs. Die Wanderung endet am Aussichtspunkt auf den östlichen Teil Teneriffas und auf die abgelegene „Lavaplatte" La Fortaleza.

Stopps
1. Im Lavakanal
2. Eine aus dem Kanal ausgetretene Lavazunge
3. Lavablock-Chaos
4. Die Fumarole
5. Aussichtspunkt La Fortaleza

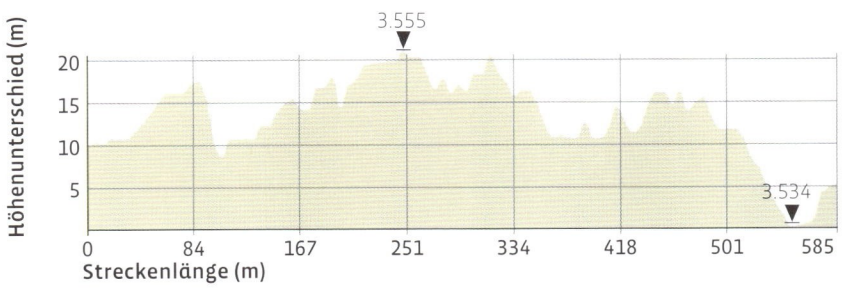

Wanderweg Nr. 11

Höhenunterschied (m) vs **Streckenlänge (m)**

3.555 (bei ca. 251 m) · 3.534 (bei ca. 550 m)

Wanderweg Nr.11 · Mirador de la Fortaleza

1| Im Lavakanal. Der erste Halt gleich zu Beginn der Wanderung fällt mit dem Wanderweg Nr. 10 zusammen, der auf den Teide-Gipfel führt. Nach dieser Verzweigung durchquert man einen Lavastrom, aus dem sich ein Lavakanal ausgebildet hat. Am höchsten Punkt angekommen erblickt man die Kuppel der Montaña Blanca, das Orotava-Tal und die Sternwarte von Izaña. (Siehe Landschafts-Info Lavakanal).

WIE ENTSTEHT EIN LAVAKANAL?

Häufig bilden sich aus zähflüssigen Lavaströmen auf natürliche Weise Kanäle, da das Gestein an den Rändern aufgehalten wird und sich die überflutenden Lavamassen zum Teil verfestigen. Somit entstehen die ersten Kanalwände, die von weiteren Lavamassen übergossen werden und nach und nach starke, klar definierte Seitenwände formen

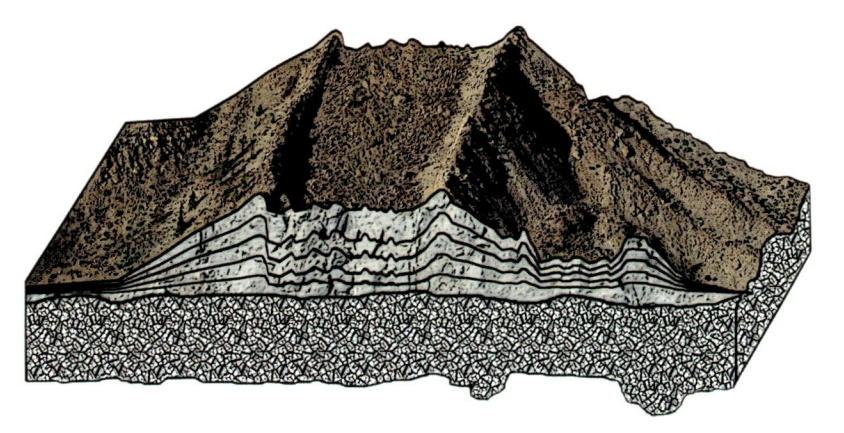

Schematischer Querschnitt durch einen Lavakanal

Wanderweg Nr. 11

Wanderweg Nr.11 · *Mirador de la Fortaleza*

2| **Eine aus dem Kanal ausgetretene Lavazunge.** Der Weg führt aus dem Innern des Lavakanals heraus und neigt sich etwa um 16 m. Wir können uns dadurch ein Bild von der tatsächlichen Dicke des Lavastroms machen, nämlich genau diese 16 m. Im Innern des Lavakanals konnte man sich das nicht vorstellen. Zudem erkennt man, wie sich der Pfad dem Ende einer „kleinen""Magmazunge anpasst, die aus dem Inneren des Lavakanals ausgetreten ist (s. Luftaufnahme S. 070).

Der Weg schmiegt sich an die Lavazunge, die aus dem Innern des Kanals ausgetreten ist.

Wanderweg Nr. 11

Wanderweg Nr.11 · *Mirador de la Fortaleza*

3| Lavablock-Chaos. Auf der Luftaufnahme sieht man deutlich, dass auch der zentrale Teil der Wanderung durch einen Lavakanal verläuft. Er ist zwar viel breiter als der erste, aber nicht so klar geformt. Die Besonderheit dieses Lavakanals sind seine chaotisch angeordneten Lavablöcke. Die obere Kruste hat sich in der Mitte des Lavakanals gespalten und dieses Gesteinsmeer gebildet.

> Einige Blöcke weisen Striemen auf, die durch das Aneinanderreiben der verschiedenen, noch nicht ganz verhärteten Blöcke entstanden sind. Die Oberfläche erinnert an raue Haifisch-Haut.

Wanderweg Nr. 11

Wanderweg Nr.11 · *Mirador de la Fortaleza*

Lavablöcke, entstanden durch Spaltung und Mitreißen der oberen Kruste des Lavastroms. Wanderweg Aussichtspunkt La Fortaleza.

Wanderweg Nr. 11

Wanderweg Nr.11 · *Mirador de la Fortaleza*

4| Die Fumarole. Nach dem zweiten Lavakanal durchquert man einen weitläufigen, seitlich gelappten Erguss. Danach treffen wir rechts auf eine Abzweigung, die zur Berghütte Refugio de Altavista und danach über Montaña Blanca bis an den Fuß des Teide führt. Nahe dieser Abzweigung bestehen diverse, sehr aktive Fumarolen mit den von ihnen charakteristisch veränderten Materialien. Bei trockenen Wetterverhältnissen kann man vielleicht keine Dampfentwicklung feststellen, aber man erkennt klar, wie sich der Boden um die Fumarolen herum verändert hat.

∧ Nach Schneefällen schmelzt die intensive Sonnenstrahlung die Eismassen und bildet das so genannte „Büßereis".

> Zwei Hitzequellen zusammen, die Sonne von oben und die Fumarolen von unten, schmelzen das Eis. Dadurch entstehen diese delikaten, filigranartigen Ränder.

Wanderweg Nr. 11

Wanderweg Nr.11 *Mirador de la Fortaleza*

Abzweigung bei La Rambleta mit Beginn des Wanderwegs 7, der über die Berghütte zu Montaña Blanca führt. Im Hintergrund der Aussichtspunkt La Fortaleza. Rechts auf der Anhöhe steht ein Regenmesser.

Wanderweg Nr. 11

Wanderweg Nr.11 *Mirador de la Fortaleza*

5| Aussichtspunkt La Fortaleza.
Kurz nach der Wegkreuzung gelangt man an den Aussichtspunkt La Fortaleza. Er liegt am Rand einer Anhöhe, unter der sich eine Fläche ausbreitet, die durch die Aktivität der Fumarolen weißlich gefärbt worden ist, gleichzeitig aber auch aus Materialien der äußeren Schichten eines der ältesten Teide-Kraters besteht.

Dahinter liegt La Fortaleza, ❶ ein frei stehender Rest der Caldera-Wand von Las Cañadas. Weiter unten erkennt man das Orotava-Tal ❷] und mehrere Dörfer des Inselnordens: La Orotava ❸, Puerto de la Cruz ❹, Santa Úrsula ❺, usw. Rechts kann man Izaña sehen ❻, in der Mittel El Portillo ❼.

La Fortaleza, die Festung, ist ein einziger phonolitischer Lavastrom, der sich wie eine riesige, hell ockerfarbene Gesteins-Platte ausbreitet. Zu seinen Füßen liegt eine helle Ebene: die „Cañada de los Guancheros" ❽.

Auf dieser Wanderung konnten Sie sich als Teil dieses gigantischen Naturphänomens, des Teide, fühlen. Auf dem Rückweg nun laden wir Sie ein, mit Ihrem Tastsinn diese kolossal großen Felsen zu „belauschen". Fassen Sie die Lava an, fühlen Sie ihre Temperatur, ertasten Sie ihre Textur. Stellen Sie sich vor, dass all dieses Gestein vor kaum 1.200 Jahren eine geschmolzene Masse innerhalb der Erde war. Heute bildet es eine der einzigartigsten Landschaften der Welt.

ORIENTIERUNGSTAFELN

Der Teide-Nationalpark verfügt über ein breites Netz an Aussichtspunkten und interessanten Stellen, an denen Ihnen entsprechende Orientierungstafeln zum Verständnis der Landschaft helfen.

Wanderweg Nr. 11

Wanderweg Nr.10: *Teide-Gipfel - Telesforo Bravo*

„Ein zartes Rot begann den Horizont zu wärmen ... Als es ein wenig stärker wurde, erschien auch der Himmel tiefblauer. Die Umgebung wurde sichtbar und wir wurden uns unserer Position besser bewusst."

Olivia M. Stone 1887

Wanderweg Nr. 10
TEIDE-GIPFEL - TELESFORO BRAVO

Die Ureinwohner, die Guanchen, nannten diesen Vulkan *Echeide*, was in ihrer Sprache so viel wie „Hölle" bedeutet. Sie glaubten, im Teide „*hausten die Teufel mit ihrem höllischen Feuer, dem Lärm und den Erschütterungen*". Diese Wanderung führt Sie ans Tor dieser eigenartigen Hölle, zum Krater des letzten Ausbruchs des Vulkans Teide.

Nach der **Legende der Ureinwohner** entführte der böse Geist *Guayota* den Sonnengott. Die Dunkelheit fiel über die Insel und die Guanchen flehten ihren höchsten Gott, *Achaman*, um die Befreiung der Sonne an. Sobald *Achaman* jedoch versuchte, die Abhänge des Teide zu bezwingen, bewarf ihn *Guayota* mit Feuerspeeren. Doch Achaman schaffte es trotzdem bis auf den Gipfel, wo sich ein schrecklicher Kampf entwickelte, der auf der ganzen Insel zu hören war. Der gute Gott konnte die Sonne befreien und verschloss *Echeide* seinen Mund. *Achamans* Pfropfen soll das sogenannte „Zuckerbrot", der *Pan de Azúcar* sein. Es handelt sich um den letzten und perfekten Gipfelkegel des Teide, den Sie gerade besteigen werden.

Auffallend ist an dieser Legende, dass sie genau den letzten Ausbruch des Stratovulkans Teide wiedergibt. Sie beschreibt eine Eruption zähflüssiger Magma, bei der in der explosiven Episode eine hohe Gas- und Aschenemission *die Sonne verdeckte*, gefolgt von einem ruhigeren Ausbruch mit schwarzen, zähflüssigen Lavaströmen, die sich vom Teide-Gipfelkrater aus die Abhänge entlang ergossen.

Mehrere historische Schriftsteller haben bis heute voll gültigen Beschreibungen festgehalten, wie der **lombardische Ingenieur Leonardo Torriani**, der sich in seinem Werk 1590 wie folgt auf den Teide bezog:

„Der Blick ist angenehm, auch wenn es keine Bäume hat... Für den mühevollen Aufstieg braucht man 24 Stunden zu Pferd, dann noch zwei Stunden zu Fuß. Die schwerste Strecke beträgt um die zwei Meilen und verläuft zur Hälfte auf unwirtlichem Land ohne Straßen oder Pfade, die einen führen könnten. Der pyramidale Berg ist mit Gestein bedeckt... nur mit höchster Geduld und Anstrengung ist er zu besteigen. Auf dem Gipfel liegt eine breite, leicht eingefallene Stelle... [der Krater].

Auf jener Höhe ist die Trockenheit extrem. Frisches Brot und andere Nahrungsmittel werden hart wie Stein; ich habe einige Landbewohner gesehen, die das Brot zum Einweichen in die auf dem Gipfel unzähligen Feuerlöcher gehalten haben, um es überhaupt essen zu können. Der Boden ist aufgedunsen und von solcher Art, dass sich einem die Kleider unbemerkt entfachen [die aktuellen Schwefelgasemissionen können die Kleider angreifen]*..., reckt man seine Hand ein wenig, sprudelt klares, heißes Wasser hervor* [gegenwärtig wird weiterhin Wasserdampf mit einer Temperatur von 86°C ausgestoßen, was dem Siedepunkt des Wassers auf dieser Höhenlage entspricht]*.*

Von hier oben aus kann man alle anderen Inseln sehen. Es scheint, als ob die Sonne schon vor Wegfegen der Nacht aus dem Meer aufsteigt [der Autor bezieht sich auf den Effekt der Erdkrümmung]*".*

Wanderweg Nr. 10
PICO TEIDE - TELESFORO BRAVO

🥾 Anforderung hoch

🕐 40 Minuten

Streckenlänge: 614 m
Höhenunterschied: 173 m

Die Wanderung führt seitlich und inmitten eines Lavastroms auf den höchsten Gipfel Spaniens. Er endet am Kraterrand, wo man vom Schwefelgeruch der Emissionen und der überraschenden Landschaft um ihn herum beeindruckt wird.

Der Aufstieg auf den Teide-Gipfel ist heutzutage aus Gründen der Nachhaltigkeit beschränkt und man benötigt eine kostenlose Spezialgenehmigung des Nationalparks. Reservieren Sie bei:
www.reservasparquesnacionales.es
Vergessen Sie nicht, die ausgedruckte Genehmigung und ihren Personalausweis sowie diejenigen aller Teilnehmer mit sich zu führen.

Wichtig: *Für Personen mit kardiovaskulären Problemen raten wir von dieser Wanderung ab.*

Stopps
1. Lavakanal
2. Lavakanal-Aussichtspunkt
3. Telesforo Bravo-Pfad
4. Teide-Krater
5. Der höchste Punkt Spaniens
6. Baumwolldecken

Wanderweg Nr. 10

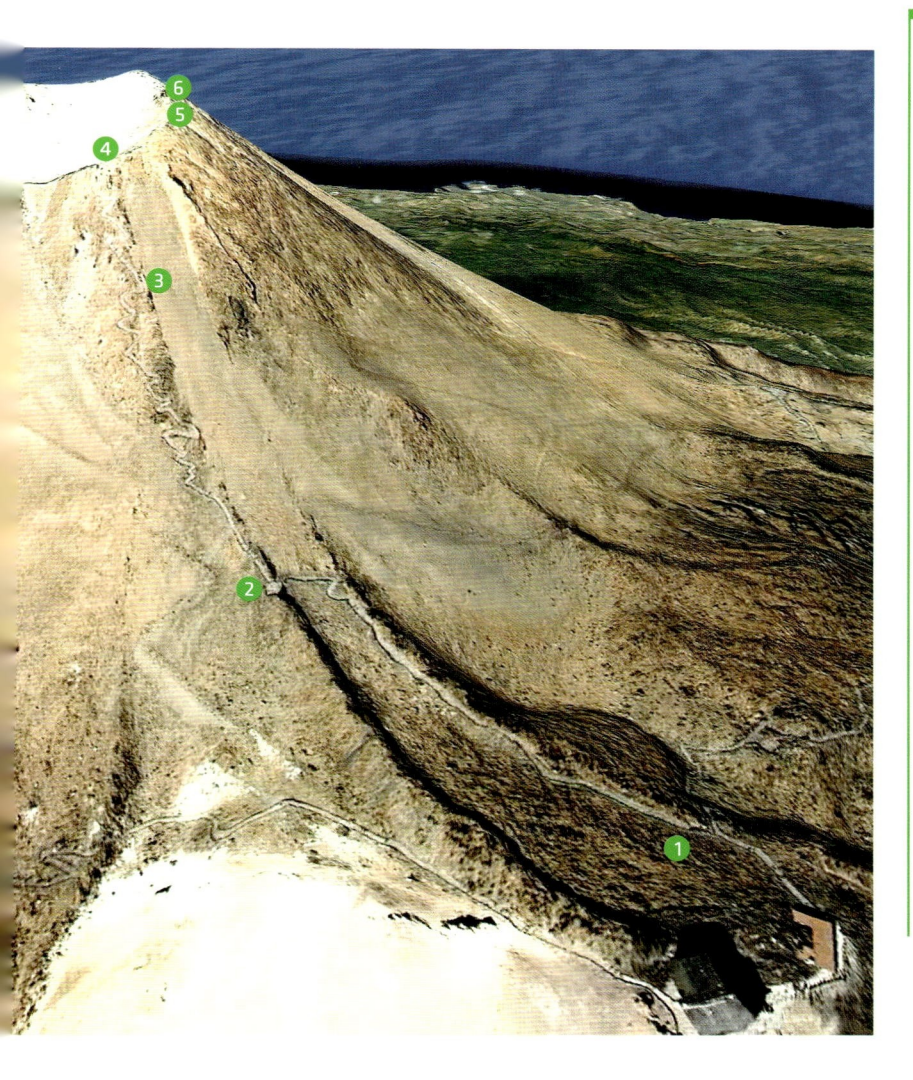

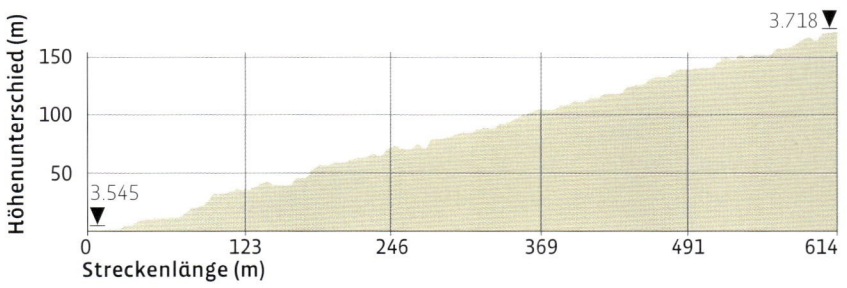

Wanderweg Nr.10 · Teide-Gipfel - Telesforo Bravo

1| Der Lavakanal. Der erste Teil verläuft am Fuß einer der Wände eines großen **Lavakanals**, der sich bis zum Kraterrand hinauf zieht. Ein beachtlicher Teil dieser Lavawand ist glatt ① und stammt aus den Zeiten, in denen der Kanal mit relativ flüssiger Lava gefüllt war. Die nachgeschobenen Massen stürzten über die Wände hinaus und bildeten Lavadecken, wodurch die Ränder des Lavakanals anwuchsen. Tatsächlich stößt man im Verlauf der Wanderung auf verschiedene **natürliche Einschnitte**, an denen die innere Struktur mit den diversen Schichten ② der Nachschübe auffällt.

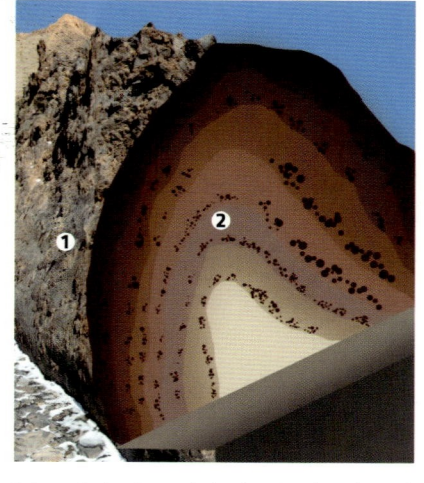

Schematischer Querschnitt einer Lavakanal-Wand

Wanderweg Nr. 10

Wanderweg Nr.10 · Teide-Gipfel - Telesforo Bravo

2| Der Lavakanal-Aussichtspunkt.
Der Halt liegt auf der bestehenden Bergterrasse, gleich nachdem der Wanderweg auf die andere Seite des Lavakanals gelangt ist. Rechts der Bergstation erscheint eine Erhebung ①. Es ist ein Überbleibsel des ehemaligen Kraters La Rambleta, der sich danach als weißer Fleck ② als „Teide-Krawatte" die Vulkanflanke hinunterzieht.
Hier beginnt der anstrengendste Teil der Wanderung. Das starke Gefälle führt den Pfad zickzackförmig über den rechten Rand der übergelaufenen Lava, die den oben beschriebenen Lavakanal verursacht hat.

Wanderweg Nr. 10

Wanderweg Nr.10 · *Teide-Gipfel - Telesforo Bravo*

3| Telesforo Bravo-Pfad. Bevor dieser Weg auf Vorschlag des berühmten Geologen Telesforo Bravo angelegt wurde, gab es verschiedene Routen über die Steinwüsten, die den größten Teil des Vulkankegels bedecken. Heutzutage ist jedoch nur der Aufstieg über den Telesforo-Bravo-Pfad gestattet. Damit gewährleistet man die Sicherheit aller Besucher und senkt die Umweltbeeinflussung auf ein Minimum ab.

Der geschlängelte Wanderweg führt mehrmals am inneren Rand des „Flankenkanals" vorbei, an dem man die diversen, übereinander liegenden Lavaschichten beobachten kann. Entstanden sind sie durch ein wiederholtes seitliches Überlaufen der einzelnen Lavaschübe, die sich über die Vulkanflanken ergossen.

An diversen Stellen stößt man auf Fumarolen mit Ausströmungen und Ablagerungen. Dieses Phänomen zeigt sich jedoch am Besten innerhalb des Kraters.

Beinahe ganz oben auf dem Gipfel erhält man einen Teilblick auf den Pico Viejo und auf den großen Abhang, der durch die Lavaergüsse aus dem Teidekrater entstanden sind. Der Lavakanal hebt sich aufgrund der Hangneigung und des flüssigeren Magmas der letzten Eruption nicht so stark ab wie im unteren Teil. Man kann jedoch deutlich sehen, dass sich dieser Kanal bis an den Kraterrand hinaufzieht.

TELESFORO BRAVO

Der Naturalist und Geologe Telesforo Bravo Expósito (1913-2002), gebürtig aus Puerto de la Cruz, widmete einen Großteil seines Lebens der Forschung über die geologische Entwicklung Teneriffas. Er untersuchte einen beachtlichen Teil der Wassergalerien der Insel, in denen er Daten aufnahm, die ihn als ersten zur Hypothese führten, wozu er auch Indizien vorlegte, dass die großen Täler Teneriffas wie La Orotava durch riesige Erdrutsche gegen das Meer hin entstanden sind.

Wanderweg Nr.10 · Teide-Gipfel - Telesforo Bravo

4 | Der Teide-Krater. Das Kraterinnere ist teilweise durch den ehemaligen, dortigen Schwefel-Abbau verändert worden. Heutzutage ist es nicht gestattet, die festgelegten Wanderwege zu verlassen, man kann aber auf den höchsten Punkt des Kraterrandes gelangen.

Der Krater ist innen beinahe vollständig von weißem Staub bedeckt. Er stammt aus den Veränderungen durch die **Fumarolen**, wie wir es schon anderweitig erklärt haben. An diversen Stellen jedoch bemerkt man leichte Gelbtöne. Es sind **Schwefelablagerungen**. Die meisten aber liegen an den Innenwänden der Fumarolen-Austrittskanäle. Man muss sehr vorsichtig sein, mit den Händen nicht zu nahe zu kommen, denn der austretende Wasserdampf kann bis zu **86°C** heiß sein. Auch hinsetzen sollte man sich nicht, denn die **Kleider** können von der **Schwefelsäure** angefallen werden, die sich durch die Verbindung von Wasserdampf mit den Schwefelablagerungen bilden kann.

Die kantigen Kraterränder sind durch verschiedene Lavaergüsse entstanden, die nach außen geflossen sind und nach und nach den obersten Teide-Kegel gebildet haben.

AUSSTRÖMUNGEN
AUF DEM GIPFEL

In der Nähe des Gipfelkraters fallen mehrere Stellen auf, an denen bedeutend viel Gas ausströmt. Die Intensität der Wasserdampfkondensation ist wetterbedingt, wonach eine Wolkenbildung durch die Fumarolen sehr verschieden sein kann.

Wanderweg Nr. 10

Wanderweg Nr.10 · *Teide-Gipfel - Telesforo Bravo*

5| Der höchste Punkt Spaniens.

Vom Gipfel aus hat man den umfassenden Blick auf die grandiose Caldera Las Cañadas und sogar auf ihre äußerste Seite, La Fortaleza. Wenn der Inselnorden wolkenlos ist, erspäht man zudem die Dörfer und Ortschaften, die man auch von anderen Punkten aus beobachten kann (Orotava-Tal, usw.). Zu unseren Füßen liegen die Waldkrone, San Juan de la Rambla, La Guancha und Icod. Auch Pico Cabras ist zu erkennen, ein Flankenausbruch des Teide an seiner nordöstlichen Seite, links von La Fortaleza. Wie Montaña Blanca ist auch Pico Cabras ein seitlicher Ausbruch des Teide. Zwar konnte er noch nicht datiert werden, altersmäßig jedoch geht er auf 6.000 bis 9.000 Jahre zurück, auf andere, zeitlich festgelegte Ausbrüche.

① Teno
② La Palma
③ Icod
④ La Guancha
⑤ San Juan de la Rambla
⑥ Pico Cabras
⑦ La Fortaleza
⑧ Puerto de la Cruz
⑨ Valle de la Orotava

ENTDECKEN SIE DIE
LAVASTRÖME

Die Begriffe, die wir Ihnen bisher über die Lavaströme und die Bildung von Lavakanälen näher gebracht haben, helfen uns, die zahlreichen Lavaströme gegen den Inselnorden hin zu erkennen.

Wanderweg Nr. 10

Wanderweg Nr.10 · Teide-Gipfel - Telesforo Bravo

Blick auf den östlichen Inselteil. Man sieht bis zum Anaga-Gebirge hin. Über dem Orotava-Tal liegt ein sich scheu bildendes Wolkenmeer, dessen rasche Entwicklung auf dem unteren Foto der nächsten Seite ersichtlich ist und auf dem noch einige „Wolkenarme" bis nach Las Cañadas eindringen.

Wanderweg Nr. 10

Wanderweg Nr.10 · Teide-Gipfel - Telesforo Bravo

6| Baumwolldecken. Die Wetterverhältnisse verwandeln natürlich jeden Aufstieg in ein einzigartiges Erlebnis. So wird dem Besucher ein spektakulärer Blick über das Wolkenmeer im Norden geschenkt oder man kann sogar staunend bewundern, wie es sich in kaum einer halben Stunde aus dem Nichts bildet. Manchmal bedeckt es sogar La Fortaleza und schiebt sich gegen die natürliche Öffnung von El Portillo, von wo aus die Straßen von La Orotava oder La Esperanza her den Zugang zur Caldera gewähren. In solchen Fällen kann man klar erkennen, wie das genannte Wolkenmeer sich beim Eintritt in El Portillo in Fetzen auflöst.

Weniger häufig taucht das Wolkenmeer im Inselsüden auf, woher es bis ins Innere der Caldera eindringt und dabei richtige *Wolkenschwalle* bildet, die sich beim Absinken durch die Luftströme gegen das Kesselinnere hin auflösen.

DYNAMIK DER ATMOSPHÄRE

Wolkenmeer über dem Orotava-Tal. An der linken Seite erscheint ein Teil von La Fortaleza, während ein anderer Wolkenarm bei El Portillo in die Caldera Las Cañadas eindringt. Diese Wolkenteppiche können sich in wenigen Minuten entfalten. Vor einer halben Stunde sahen sie noch so aus wie auf dem Foto der letzten Seite.

Wanderweg **Nr.7** · Montaña Blanca - Teide

„Die Piedras Negras sind gewaltige Felskugeln, die stark verstreut auf der Montaña Blanca liegen. Es sieht aus, als ob eine gigantische Hand sie vom Gipfel aus herabgeworfen hätte".
Olivia M. Stone 1887

Wanderweg Nr. 7
MONTAÑA BLANCA - TEIDE

Diese Wanderung vom Fuß des Bergs Montaña Blanca über La Rambleta kann auf verschiedene Arten durchgeführt werden, darunter auch Kombinationen mit der Seilbahn:
- Eine Möglichkeit ist die Bergfahrt mit der Seilbahn und danach der Abstieg über den Wanderweg, oder umgekehrt.
- Das Erlebnis kann auch mit einer Übernachtung in der Berghütte bereichert werden, um dann am nächsten Morgen den Sonnenaufgang vom Teide-Gipfel aus zu bewundern.
- Die höchsten Erfordernisse stellt jedoch der Auf- und Abstieg zu Fuß. Dazu braucht man genügend Zeit und die notwendigen Voraussetzungen (etwa 10 Stunden).
- Der Weg bis auf den Gipfel von Montaña Blanca aus ist einer der interessantesten Ausflüge im Teide-Nationalpark (Hin und Zurück 3 bis 4 Stunden).

Von den beschriebenen Wanderungen ist dies die wohl anstrengendste und erfordert die beste körperliche Kondition, denn man muss einen Höhenunterschied von 1.200 m bewältigen. Rein technisch gesehen ist der Wanderweg nicht besonders schwierig, wenn man von den Problemen absieht, die durch die extreme Höhenlage bedingt sind. Auch Eis oder Schnee können die Wanderung erschweren und eine spezielle Ausrüstung und Ausbildung erfordern.

Die Strecke ist vulkanologisch sehr interessant, denn sie zeigt diverse Gesteinsformationen und das Panorama ändert sich je nach Höhenlage.

Beim Aufstieg wird dem Besucher auch die sich ständig verändernde Pflanzenwelt vor Augen geführt. Vor allem auf dem ersten Streckenteil bei Montaña Blanca wachsen Geißklee und blaue Natternköpfe in großen Gruppen. Die Bimssteinfelder sind ideal, um das Teide-Veilchen zu finden, diese einzigartige, im Mai blühende Pflanze, die nur in diesem Nationalpark gedeiht.

Der **Wanderweg** ist in **drei Strecken** aufgegliedert . Der erste Teil verläuft über die ehemalige Piste bis auf den Gipfel von Montaña Blanca, inmitten von ausgedehnten Bimssteinfeldern, welche die Abhänge bedecken. Danach erscheint der eigentliche Weg auf den Teide. Er schlängelt sich zuerst durch Lavafelder hindurch, die noch zum alten Teide gehören und in der ersten Hälfte vom Bimsstein der Montaña Blanca bedeckt sind. Diese Strecke endet bei der Berghütte Altavista auf einer Höhe von 3.265 m. Dort beginnt der dritte Teil über verschiedene schwarze Lavaarme des Teide und führt bis an den Wanderweg zum Aussichtspunkt La Fortaleza.

Wir beschreiben hier den Aufstieg, aber wenn Sie die Landschaft noch besser genießen möchten, können Sie mit der Seilbahn hochfahren und am Nachmittag dann den Abstieg machen. Es ist nicht nur weniger anstrengend, sondern Sie wandern auch mit Blick auf die Caldera Las Cañadas und können somit das sich ständig ändernde Farbenspiel des Abendlichts bewundern. An dieser Tageszeit nämlich ist der östliche Teil der Caldera am besten beleuchtet. Denken Sie jedoch daran, dass ein Höhenunterschied von 1.200 m bis zur Hauptstraße bewältigt werden muss. Die Kniegelenke werden ziemlich belastet und Sie benötigen mindestens 5 Stunden. Achten Sie darauf, den offiziellen Wanderweg nicht zu verlassen. Laufen Sie bitte nicht die Hänge herab!

Wanderweg Nr. 7
MONTAÑA BLANCA - TEIDE

🥾 Anforderung hoch

🕐 Aufstieg 5:30 | Abstieg 4:15

Streckenlänge: 8.31 km
Höhenunterschied: 1.188 m

Der Wanderweg verläuft über den historischen Pfad für den Teide-Aufstieg. Landschaftlich und vulkanologisch sehr interessant zeigt er die Vegetation, die sich den verschiedenen Höhenlagen anpasst.

- • • Strecke durch Lavamassen und Bimssteinfelder der Montaña Blanca. 4,53 km; **Höhenunterschied:** 372 m.
- – – Der Teil legt das höchste Gefälle beim Teide-Aufstieg bis zur Berghütte Altavista zurück. Er verläuft zwischen zwei Armen der Lavas Negras am Teide. 2,56 km; **Höhenunterschied**: 544 m.
- — Der Teil zwischen der Berghütte Altavista und dem Aussichtspunkt La Rambleta durchquert die chaotische Gesteinswüste der Lavas Negras. 1,23 km; **Höhenunterschied**: 272 m.

El Culatón

Stopps
1. Montaña Blanca
2. Montaña Rajada, der hervorragende Vulkandom
3. „Eiland" zwischen Hangrutschen
4. Bimsstein-Mine
5. Lavabrocken „Huevos del Teide"
6. Gipfel von Montaña Blanca
7. Ehemaliger Lagerplatz der „Engländer"
8. Ehemaliger Teide - Lomo Tieso
9. Berghütte Altavista
10. Gesteinswüste Malpaís
11. La Rambleta

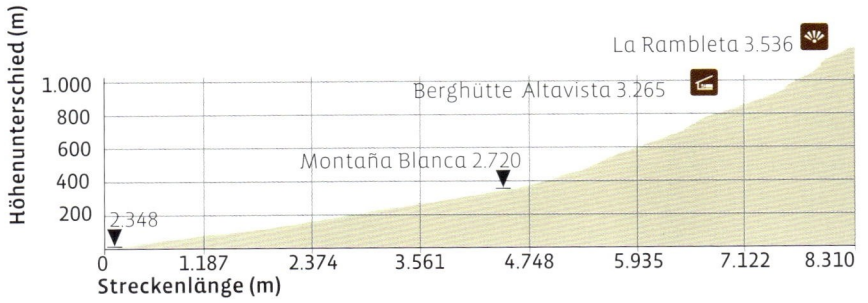

Montaña Blanca

Wanderweg Nr. 7

La Rambleta 3.536

Berghütte Altavista 3.265

Montaña Blanca 2.720

2.348

Höhenunterschied (m)

Streckenlänge (m)

1| Montaña Blanca. Bei diesem phonolithischen Dom (📖 *s. Landschafts-Info "Ausbruch mit felsischer Lava"*) haben die Geologen acht Eruptionsphasen unterscheiden können. Der Fund eines verkohlten, unter Bimsstein verschütteten phönizischen Wacholders ermöglichte die Datierung der Anfangsphasen auf 2.000 Jahre zurück.

Die Piste, die nun als Wanderweg dient, führte in früheren Zeiten zu der Bimsstein-Mine, wo dieses Gestein für landwirtschaftliche und industrielle Zwecke abgebaut wurde. Kurz nach Beginn des Aufstiegs liegt links eine dicke Gesteinsmasse. Es ist ein gewaltiger phonolitischer Strom aus großen, ockerfarbenen Blöcken (genannt El Culatón). Er geht auf die letzte Ausbruchsphase der Montaña Blanca zurück und ist der einzige Strom, der nicht mit Bimsstein bedeckt ist.

An den verschiedenen Einschnitten der Piste lässt sich die andersartige Gestaltung des Bimsgesteins erkennen: die verschiedene Textur dieses erstaunlichen Vulkanglases, die Veränderung seiner Farbe, die Bläschenbildung und sogar die fortschreitende Veränderung zum Obsidian hin, also demselben phonolithischen Gesteinsglas, aber ohne Bläschenbildung. Wir müssen uns die Entstehung dieser Bimsstein-Anhäufung durch mehrere, aufeinanderfolgende und gewaltige explosive Ausbrüche vorstellen. Das phonolithische Magma hat einen sehr hohen Gasanteil, der im Vulkanschlot nahe der Schlotöffnung befreit wird. Es ist wie beim Entkorken von Champagner (Druckabfallzone des Vulkanschlots), bei dem eine intensive Bläschenbildung entsteht und bei dem der entsprechende „Magma-Schaum" aus den Tiefen nach oben befördert wird.

Behaarter Federkopf, dahinter Lava in El Culatón

Wanderweg Nr. 7

Wanderweg Nr.7 · *Montaña Blanca - Teide*

2| Montaña Rajada, der hervorragende Vulkandom. Wir empfehlen, die rechts liegende Piste einzuschlagen, um einen kurzen Umweg auf den Lavadom Montaña Rajada zu machen. Im Gegenzug erhält man eine umfassendere Sicht von Montaña Blanca mit den breiten Bimsfeldern und dem schon erwähnten Lavastrom El Culatón.

Montaña Raja ist ein typischer Vulkandom. Während einer phonolithischen Eruption steigt nach und nach entgastes Magma aus größeren Tiefen herauf. Der Ausbruch erfolgt nicht mehr

∧ Lavadom Montaña Rajada Im Vordergrund: blühender Geißklee. rechts der Gipfel Topo de la Grieta.

explosiv, sondern die Lava tritt sehr zähflüssig aus und schiebt sich nicht weit vor. Die Hügelformation ist kuppelförmig, lateinisch „domus", wobei Montaña Rajada das wohl beste Beispiel für einen Lavadom in Las Cañadas ist (📖 siehe Landschafts-Info Lavadom).

Bei Austritt extrem zähflüssiger Lava schieben sich die verschiedenen Lavamassen nicht weit vor. Sie häufen sich nahe der Schlotöffnung an und bilden einen kuppel- oder domförmigen Vulkan.

Wanderweg Nr.7 *- Montaña Blanca - Teide*

Die Wanderer auf der Piste zeigen das gewaltige Ausmaß der Schubwellen und der gigantischen Risse dieser spektakulären Lavamasse, die beim phonolithischen Ausbruch an der Schlotöffnung von El Culatón zähflüssig ausgetreten ist.

Wanderweg Nr. 7

Wanderweg Nr.7 · Montaña Blanca - Teide

Entdecken Sie die vielfältige Flora und Fauna, die sich je nach Höhenlage verändert:

① **Kanareneidechse**: Die Art lebt ausschließlich auf Teneriffa, wo sie überall vorkommt. Sie findet ihren Lebensraum sowohl direkt an der Küste als auch auf dem Teide-Gipfel.

② **Pimelia ascendens**: Dieser Schwarzkäfer lebt nur im Teide-Nationalpark. Er kann nicht fliegen, ist aber fähig, in seinem rundlichen Körper Wasser anzusammeln, um den täglichen Bedarf zu decken.

③ **Geißklee**: Prächtige Hülsenfrüchtler, die im Frühling ihr gelbes Kleid anlegen.

④ **Teide-Veilchen**: Klein, aber dennoch auffällig wächst das Pflänzchen an verschiedenen Orten den Wanderweg entlang. Es gedeiht sogar in Höhen, die anderen Pflanzen nicht mehr zugänglich sind.

⑤ **Blauer Natternkopf**: Die Pflanzen wachsen gruppenweise oder auch vereinzelt im Park, wie es bei Montaña Blanca vorkommt. Im Gegensatz zu ihrem Artverwandten, dem roten Natternkopf, lebt die blaue Variante mehrere Jahre.

115

Wanderweg Nr 7

Wanderweg Nr.7 · Montaña Blanca - Teide

3| Ein Eiland zwischen Hangrutschen.

La Fortaleza und El Cabezón ragen wie eine einsame Insel hervor, getrennt von der restlichen Kesselwand. La Fortaleza sticht durch ihre rote, phonolithische Plattenform hervor, während El Cabezón rechts davon der obere Ausläufer des Tigaiga ist, einer der Abhänge des Orotava-Tals. Der leere Raum rechts entspricht genau dem gigantischen Hangrutsch von La Orotava (vor etwa 550.000 Jahren), die Neigung links wird dem Erdrutsch von Icod-La Guancha vor etwa 200.000 Jahren zugeteilt. Jenes Gebiet wurde dann später vom Teide ausgefüllt.

In dieser Zone ist auch klar zu erkennen, wie sich die bimssteinbedeckte Fläche enorm in Richtung El Portillo und gegen La Fortaleza hin ausdehnt. Der Blick ist wirklich einzigartig. Je nach Tageszeit und Lichteinfall stechen diverse kleinere Vulkankegel hervor: Montaña Negra, links von La Fortaleza; Montaña de Los Tomillos, dessen Kegel beinahe gänzlich von den dicken Lavaströmen rings herum bedeckt ist; weitere Kegel in der Nähe von Portillo; andere an der Kesselwand von Las Cañadas und schließlich Montaña Mostaza, der beschilderte Kegel gleich am Straßenrand.

Wanderweg Nr. 7

Über diese Bimssteinflächen verlief zwischen Montaña Blanca und El Portillo der ehemalige Pfad für den Teide-Aufstieg, der von zahlreichen Forschern und Wissenschaftlern wie Humboldt eingeschlagen wurde.

Wanderweg Nr.7 · *Montaña Blanca - Teide*

4 Bimsstein-Mine. An den Stellen, an denen Bimsstein abgebaut wurde, können wir einen helleren, grau-grünlichen Farbton entdecken. Er sticht im Hinblick auf die anderen gelblich bis rötlich gefärbten Flächen hervor, in denen der Bimsstein an der Oberfläche verändert worden ist.

Die am stärksten beschädigten Zonen wurden wieder hergestellt, werden jedoch noch über Jahrhunderte hinaus eine andere Farbe tragen.

Mehr Info, *Siehe Landschafts-Info Lapilli und Bimsstein*

> ∧ Detailansicht eines Bimssteins, dreifach vergrößert, mit zahlreichen, vulkanischen Glasfasern, die durch die Ausdehnung des „Magmaschaums" entstanden sind. Maßstab 1 cm.

Wanderweg Nr. 7

Wanderweg Nr.7 · *Montaña Blanca - Teide*

Links Montaña de Los Tomillos ①, ein abgeflachter Krater, der von der ihn umringenden Lava beinahe bedeckt ist. Der Vulkankegel in der Mitte liegt in direkter Nähe von Portillo (Montaña de Guamaso) ②. Im Hintergrund das Orotava-Tal ③.

Wanderweg Nr. 7

Wanderweg Nr.7 · *Montaña Blanca - Teide*

5| Los Huevos del Teide. Im letzten Teil der Piste tauchen verschiedene Felsengruppen auf. Es handelt sich um Lavakugeln (*s. Landschafts-Info*) die von den schwarzen Lavaarmen weiter oben auf den Teide-Flanken heruntergerollt sind.

Die zahlreichste Gruppe liegt auf 2.629, von Olivia Stone wie folgt beschrieben:

„Die Piedras Negras sind gewaltige Felskugeln, die stark verstreut auf der Montaña Blanca liegen. Es sieht aus, als ob eine gigantische Hand sie vom Gipfel aus herabgeworfen hätte."

Die „Piedras Negras" von Olivia Stone.

Wanderweg Nr. 7

Wanderweg Nr.7 · *Montaña Blanca - Teide*

Von diesem Lavastrom löste sich die große Felskugel-Gruppe links und rechts des Wanderwegs. Auf dem Lavastrom im Hintergrund sieht man zahlreiche Kugeln, die nicht heruntergerollt sind.

Wanderweg Nr. 7

Wanderweg Nr.7 · Montaña Blanca - Teide

6 | Der Gipfel von Montaña Blanca, eine kontrastreiche Landschaft

Auf Montaña Blanca (2.726) beginnt der eigentliche Aufstieg auf den Teide-Gipfel. Zuvor jedoch stoßen wir auf der Bimsstein-Ausdehnung auf eine weitläufige Gruppe blauer Natternköpfe.

Falls die Zeit reicht, lohnt es sich, dem Weg zu folgen, der auf dem Bimssteinfeld bis auf den Gipfel von Montaña Blanca auf 2.750 m Höhe führt (20 Minuten Hin und Zurück). Rechts liegt in direkter Nähe ein beeindruckend gewaltiger Lavastrom, einer der „Flüsse" der Lavas Negras vom Teide. Auch hier haben sich verschiedene, riesige Felskugeln losgelöst. Vorne ist der Lavastrom etwa 21 m dick. Der chaotisch anmutende, schwarze Steinschwall bildet einen merkwürdigen Gegensatz zur Bimsstein-Decke, auf der die Lava zum Stocken gekommen ist.

Auf der Fotografie sind diverse große Teide-Ginster zu sehen, die im Schutz des vorderen Teil des Lavastroms inmitten von zahlreichen, typisch strohfarbenen Teide-Rauken gedeihen.

Der bisherige Wanderweg ändert nun schlagartig die Richtung. Ab hier zwingt das starke Gefälle des Vulkans den Pfad zickzackförmig über den Abhang, der vom Bimsstein der danebenliegenden Montaña Blanca bedeckt ist.

BIMSSTEIN
AM ABHANG

An einigen Stellen führt der Weg grabenartig an mehr als zwei Meter hohen Bimsstein-Abhängen vorbei (Foto rechts), die durch die heftigen Explosionen der nahe gelegenen Schlotöffnung von Montaña Blanca entstanden sind.

Wanderweg Nr.7 · Montaña Blanca - Teide

7| Ehemaliger Lagerplatz der „Engländer", ein historischer Halt.
Am Ende der Bimsstein-Zone gelangen wir an ein großes Ginsterfeld und eine weitere Gruppe von Lavakugeln. Es ist der sogenannte „Lagerplatz der Engländer". Eine der Kugeln ist seitlich so ausgehöhlt, dass sie für Übernachtungen diente. Auf dieser Höhenlage gedeihen immer noch Teide-Ginster, die das nötige Material für die Lagerfeuer in den kalten Nächten lieferten.

Der Ort ist in zahlreichen Schriften berühmter Reisender beschrieben:

Der Lagerplatz der Engländer liegt auf einer Höhe von 2.891 m.[2.982 m].... die Mehrheit der Reisenden verbringen hier die Nacht, während andere weiter nach Alta Vista hinaufsteigen. Da oben jedoch findet man keinen Brennstoff mehr, nicht einmal Teide-Ginster für ein Lagerfeuer.

René Verneau 1891

Drei riesige Brocken belegen beinahe den ganzen Platz. Einer von ihnen ist an der unteren Seite abgeschrägt, wo Überreste von Lagerfeuern und ein wenig Stroh darauf hinweisen, dass der Ort Menschen und Tieren Schutz gewährt hat.

Olivia M. Stone 1887

Wanderweg Nr. 7

Wanderweg Nr.7 · Montaña Blanca - Teide

8| Der alte Teide, die vorherige „Haut". Kurz gesagt führt der eigentliche Weg stark zickzackförmig über den steilen Vulkanabhang des ehemaligen Teide, der zwischen zwei schwarzen Lavaarmen des letzten Teide-Ausbruchs frei daliegt.(① y ②). Die erste Hälfte dieser Strecke ist mit Bimsstein bedeckt, der aus der Montaña Blanca geschleudert wurde. Im zweiten Teil kommt das Gesteinsmaterial des alten Teide zum Vorschein ③, dessen jüngeres Material um die 32.000 Jahre alt ist. Diese Lavamassen haben eine gemischte Zusammensetzung, halb basaltisch, halb phonolithisch. Der Hauptteil des Teide wurde mit diesem Material geformt. Nur die letzte Eruption mit schwarzer Lava oder die peripheren Vulkane wie Montaña Blanca, Montaña Majúa oder der Pico Viejo warfen während den letzten 20.000 Jahren neben der phonolithischen auch entwickelte Lava aus.

Die Abbildung erfolgte aus einer Höhe von 3.230 m, 30 m von der Berghütte entfernt. Man erkennt den schon beschriebenen Lagerplatz der Engländer ④, eine kleine Ebene neben den grünen Teide-Ginster-Flecken. Auf seiner Höhe von 2.982 sind auch die Felskugeln zu sehen, die als Schutzort dienten. Der Teide-Ginster begleitet die Wanderer vom Lagerplatz der Engländer bis auf eine Höhe von 3.062 m. Diese Pflanzen könnten sogar noch 200 m weiter oben gedeihen, finden dort aber nicht mehr den passenden Boden, denn er ist vom Trachybasalt des „Ehemaligen Teide" bedeckt.

LOMO TIESO

Diese Lava ist halb basaltisch, halb phonolithisch, was zu einem festen Substrat führt. Deshalb auch die Bezeichnung „Lomo Tieso", der „feste", beständige Abhang.

Wanderweg Nr.7 · *Montaña Blanca - Teide*

9| Die Berghütte Altavista, die höchste Unterkunft (3.265 m). Auf der Fotografie taucht im Hintergrund der hellfarbige Teide-Gipfel scheu auf. Hinter der Berghütte teilt sich der schwarze Lavastrom in zwei Arme und legt einen engen Gang frei, auf dem der Wanderweg von Montaña Blanca aus zickzackförmig nach oben führt.

Die wohl beste Beschreibung hat uns Olivia M. Stone überlassen:

„Hier liegt ein anderes Plateau wie der Lagerplatz der Engländer, aber ohne Felskugeln. Auf jeder Seite gibt es Lavaströme, die sich hier aus irgendwelchen Gründen gespreizt haben und hangabwärts geflossen sind, wobei sie diesen Platz geformt haben. Die Lava ist so hoch, dass wir dahinter oder seitlich nichts sehen können. Vor uns fällt der Hang fast wie ein Abgrund stark ab. [s. Foto beim letzten Punkt.]

Auf den Cañadas und den Berggipfeln liegt ein spitzer Schatten, wirklich

Wanderweg Nr. 7

gigantisch in seiner unermesslichen Weite. Lange standen wir verzaubert und gefesselt von diesem Bergschatten [dem Teide] , der sich über das weite Land unterhalb ausbreitete.

Der Boden um uns herum ist von Bimsstein und hellem Schlackenmaterial bedeckt. Von unserer Terrasse aus erhalten wir einen herrlichen Blick auf Las Cañadas bis hin zu Gran Canaria".

Olivia M. Stone 1887

Wanderweg Nr.7 · Montaña Blanca - Teide

10| Die Gesteinswüste Malpaís. In Altavista beginnt der dritte Teil des Wanderwegs. Er führt über verschiedene Lavaarme der Lavas Negras vom Teide bis zur Abzweigung des Wegs zum Aussichtspunkt La Fortaleza in La Rambleta.

Wenn Sie an Vulkanlandschaften gewöhnt sind, können Sie je nach Tageszeit und Lichteinfall einige lokale Gesteinsformationen erkennen. Der Weg führt serpentinenartig von einem Lavastrom zum anderen. Bei einem Blick nach hinten kann man sich ein wenig ausruhen und die Landschaft der Caldera Las Cañadas bewundern, die sich einem immer mehr öffnet, je höher man steigt.

Zur Zeit der ersten Forscher gab es noch keinen Weg von Altavista aus, was im Werk von E. Allison klar wird.

... wir erreichten die sogenannte

Zone Mal Pais (schlechtes Land), ... ein treffender Name, denn es bestand aus riesigen, trachytischen Lavamassen [eigentlich sind es Phonoliten], *die in all erdenklichen Formen und Richtungen verstreut dalagen, dazwischen große Obsidian-Blöcke, von denen einige wie gewaltige Bomben aussahen; .... Die Ränder einiger dieser Obsidian-Blöcke waren häufig so scharf wie zerbrochene Weinflaschen* [beides sind Glasgesteine, ein vulkanisches und ein industriell hergestelltes Glas].

... unser Aufstieg ... über diese unebenen Gesteinsmassen war schwierig und mühevoll, denn wir waren gezwungen, von Block zu Block zu hüpfen, dies mithilfe eines langen, mit einer Stahlspitze bewehrten Stabes und teilweise mussten wir sogar mit Händen und Füßen über das Gestein klettern.

Edward Alison 1830

Wanderweg Nr.7 · Montaña Blanca - Teide

11| La Rambleta, der alte, aufgefüllte Krater. Dies ist der letzte Halt unserer Wanderung. Um ganz auf den Gipfel zu kommen, muss man den Wanderweg Nr. 10 gleich neben der Bergstation einschlagen. Dazu jedoch benötigt man die entsprechende Genehmigung. Schon viele Besucher sind nach einem harten Aufstieg hier angelangt. Deshalb zitieren wir zum Abschluss den Bericht einer dieser Personen, jemand, der uns schon mehrmals auf dieser Wanderung begleitet hat:

Wir durchqueren La Rambleta gerade eine Stunde, nachdem wir Alta Vista verlassen haben. Dieses Plateau ist nicht sehr ausgedehnt ... Der Aufstieg ist sehr sacht, er erscheint beinahe eben ... und dann erscheint abrupt der eigentliche Kegel des Teide ... Er ist so steil, dass der Fuß keinen Halt findet und man bis zu den Fersen in die kleine, grobkörnige Asche sinkt. Der lose Boden des Kegels führt zu einem mühsamen und lästigen Aufstieg... Es ist unnütz, die Hände zu

Hilfe zu nehmen, nirgends kann man sich festhalten...

Auf dem Gipfel angekommen, schlug uns ein heißer, schwefelgeladener Luft ins Gesicht...wir mussten wie auch immer häufig die Stelle wechseln, da die große Hitze, die aus dem Boden heraufstieg, und die Schwefeldämpfe uns blendeten... Mein Tintenstift konnte nur schwerlich klare Zeichen setzen, das Papier war vom Wasserdampf durchtränkt.

Olivia M. Stone 1887

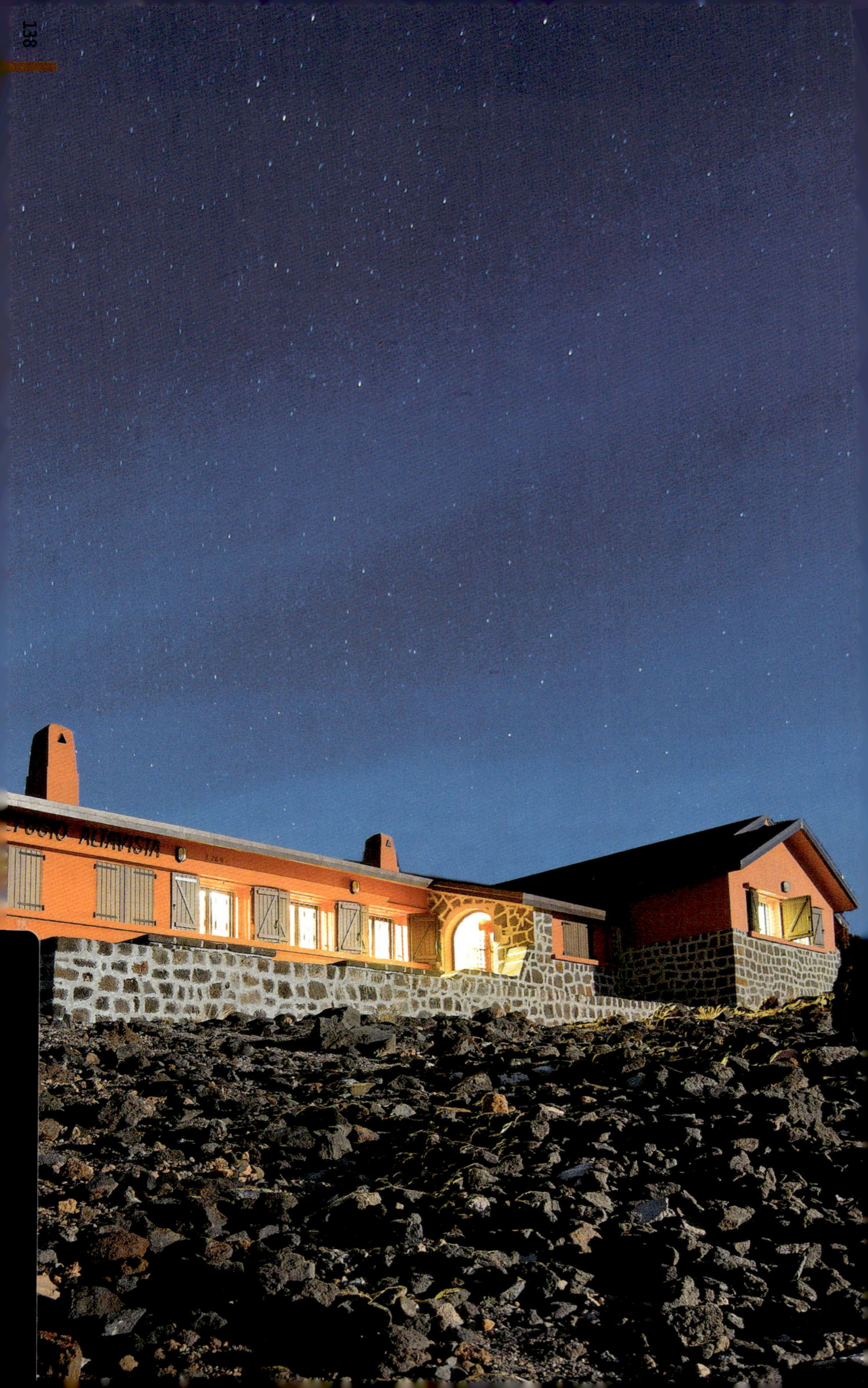
ALTAVISTA

Berghütte Altavista
Eine Hochgebirgs-Unterkunft

Die Berghütte Altavista del Teide ist eine einzigartige Unterkunft auf 3.265 m Höhe. Sie ist für die Wanderer gedacht, die auf den Krater des großen Vulkans des Teide-Nationalparks steigen wollen, denn sie liegt auf der Hälfte des Wegs.

Es handelt sich um die höchstgelegene Unterkunft Spaniens. Sie befindet sich am idealsten Ort, um den außergewöhnlichen Sternenhimmel zu beobachten und sowohl bei Sonnenauf- als auch untergang unvergessliche Momente zu erleben.

Die Übernachtung in der Berghütte schenkt ihnen das ergreifende Erlebnis, die ersten Sonnenstrahlen vom Teide aus zu genießen. Die Landschaft wird mit Farben überflutet, während der Vulkan seinen schützenden Schatten übers Meer wirft.

< Nächtlicher Blick auf verschiedene Sternbilder am Himmelsgewölbe.

Unterkunft und Observatorium

Die Anlage auf Altavista besteht aus zwei Gebäuden. Sie verfügt über eine Krankenstation, einen Esssaal und eine Küche. Ferner hat sie drei gemeinsame Schlafräume für insgesamt 54 Gäste. Der Aufenthalt ist auf EINE ÜBERNACHTUNG beschränkt. Die Berghütte ist ganzjährig geöffnet und schließt nur bei sehr schlechten Wetterverhältnissen.

Die Räume sind mit einer Heizung ausgestattet, die Betten mit Laken und warmen Bettdecken, ein Schlafsack ist also nicht unbedingt nötig. Die Toiletten haben **keine Duschen.**

Die Berghütte bietet heiße Getränke, Erfrischungsgetränke und Mineralwasser an. Die Gäste können Speisen und Getränke erhitzen. Internet und Wi-Fi stehen zur Verfügung.

Buchen Sie Ihre Übernachtung in der Berghütte hier:
www.telefericoteide.com/altavista

EIN BEVORZUGTES **OBSERVATORIUM**

Die erste Berghütte wurde 1892 auf der Struktur des Observatoriums von Piazzi Smyth gebaut. Die Inselverwaltung von Teneriffa übernahm die Hütte 1950 und baute sie 2007 vollständig um.

Etwa 35 Minuten nach Sonnenuntergang erkennt man deutlich das Zodiakallicht und die Milchstraße vom Aussichtspunkt der Ucanca-Ebene aus. Oberhalb der Ebene, das Sternbild Orion, rechts davon der Teide. **Besuchen Sie die Website: www.elcielodecanarias.com**

Altavista

Der Himmel von Altavista aus

Die Höhen Teneriffas beherbergen eine der weltweit bedeutendsten Sternwarte. Das gute Klima, die saubere Luft und die Höhenlage bilden dazu die beste Grundlage. Hier bestehen im Jahresdurchschnitt die wenigsten Wolken ganz Spaniens. Diese besonderen Gegebenheiten haben schon im 19. Jahrhundert zu Entdeckungen von Himmelskörpern geführt, die von anderen Orten der Welt aus nicht beobachtet werden konnten. Zudem wurden auch Phänomene wie das Zodiakallicht untersucht, das während des Sonnenauf- und untergangs aufgrund einer Staubscheibe in der Planetenebene entsteht und zur Streuung des Sonnenlichts führt.

Man benötigt keine riesigen Teleskope, um das Himmelszelt auf dem Teide zu genießen. Ein aufmerksamer Blick auf den Sternenhimmel allein genügt. Ein guter Platz dafür ist die südlich ausgerichtete Terrasse der Berghütte Altavista. Ihre ursprünglichen Wände verdankt sie dem Astronomen Piazzi Smyth, der hier im Sommer 1856 28 Tage verbrachte. Bevor er mit seiner Ausrüstung ankam, ließ er dürftige Anlagen errichten, die später zum Bau der Berghütte geführt haben.

Die Sternenbeobachtung ist je nach Tages- und Jahreszeit wegen der Position unserer Erde verschieden. Im Sommer erscheinen im südlichen Himmelsgewölbe diverse Sternbilder wie der Schütze, der **Skorpion** oder die Jungfrau. Im Nordosten sieht man den Großen Wagen, den Referenzpunkt am Himmel zu dieser Jahreszeit, und im Osten leuchten die Sterne Wega, Deneb und Altair und bilden das **Sommerdreieck**.

Im Winter verbirgt sich die Sonne früher, wir können somit den Sternenhimmel auch eher betrachten. In diesem Jahresteil fällt besonders das Sternbild **Orion** auf. Dieser Himmelsjäger trägt einen typischen Gürtel aus drei miteinander ausgerichteten, strahlenden Sternen. Sein Schwert, eine andere kleine Sternengruppe, hat ein Nebelphänomen. Neben Orion erscheinen der Stier und auch die Große Hund. Dort liegt der hellste Stern am Nachthimmel, **Sirius**, direkt mit dem **Oriongürtel** ausgerichtet.

Vom sternenbedeckten Hintergrund heben sich verschiedene Planeten ab, die je nach ihrer Bewegung in Bezug auf unsere Erde sichtbar werden. Diese Himmelskörper unterscheiden sich von bloßem Auge von den Sternen, denn sie „blinken" nicht. Sowohl im Winter als auch im Sommer erscheint **unsere Galaxie** deutlich und klar: die **Milchstraße**. Das Sonnensystem befindet sich näher am Rand als zum Zentrum der Galaxie hin. Wir liegen inmitten dieser „Sternenwolke", aus der die Galaxie mit ihrem **linsenförmig abgeflachten Aussehen** gebildet ist. Wenn wir die Milchstraße beobachten, schauen wir in Wirklichkeit Richtung galaktischer Scheibe. Dort konzentrieren sich die meisten Himmelskörper, weshalb sie wie eine ständige Lichtquelle erscheinen, die den ganzen Himmel durchquert und sich auf der anderen Erdhälfte „unterhalb des Horizonts" weiter ausbreitet.

Die geografische Breite der Kanarischen Inseln ermöglicht die Sicht auf den Teil der Milchstraße, die den **zentralen Teil der Galaxie** bildet. Man muss dazu den Blick bloß über den **Schwanz von Skorpion** richten. Einfache Ferngläser sind genug, um eine überwältigende Sicht in die Geheimnisse des Kerns der Galaxie zu erhaschen. Die beachtliche Höhenlage von Altavista ermöglicht ferner, den Horizont auf dem Meeresspiegel noch ein wenig „weiter unten" beobachten zu können, gerade genug, um bei klarem Horizont das gesamte **Südliche Kreuz** zu erkennen. Dieses Sternbild ist grundlegend, um sich auf der Südhalbkugel orientieren zu können.

Diese und noch etliche andere Himmelskörper können in mondfreien, also dunkleren Nächten klar beobachtet werden. Aber auch die Beobachtung des Monds ist vom Teide-Gipfel aus vortrefflich, vor allem mit einem kleinen Teleskop oder Ferngläsern, die uns zeigen, dass die Oberfläche unseres Satelliten nicht im Geringsten eben, sondern vielmehr mit interessanten Kratern überhäuft ist. Eine dieser Berggruppen wird „Montes Teneriffe" genannt.

Der Sommer ist die beste Jahreszeit zur Beobachtung der Milchstraße in Richtung des galaktischen Kerns, ein besonders reichhaltiges Gebiet verschiedenster Himmelskörper.

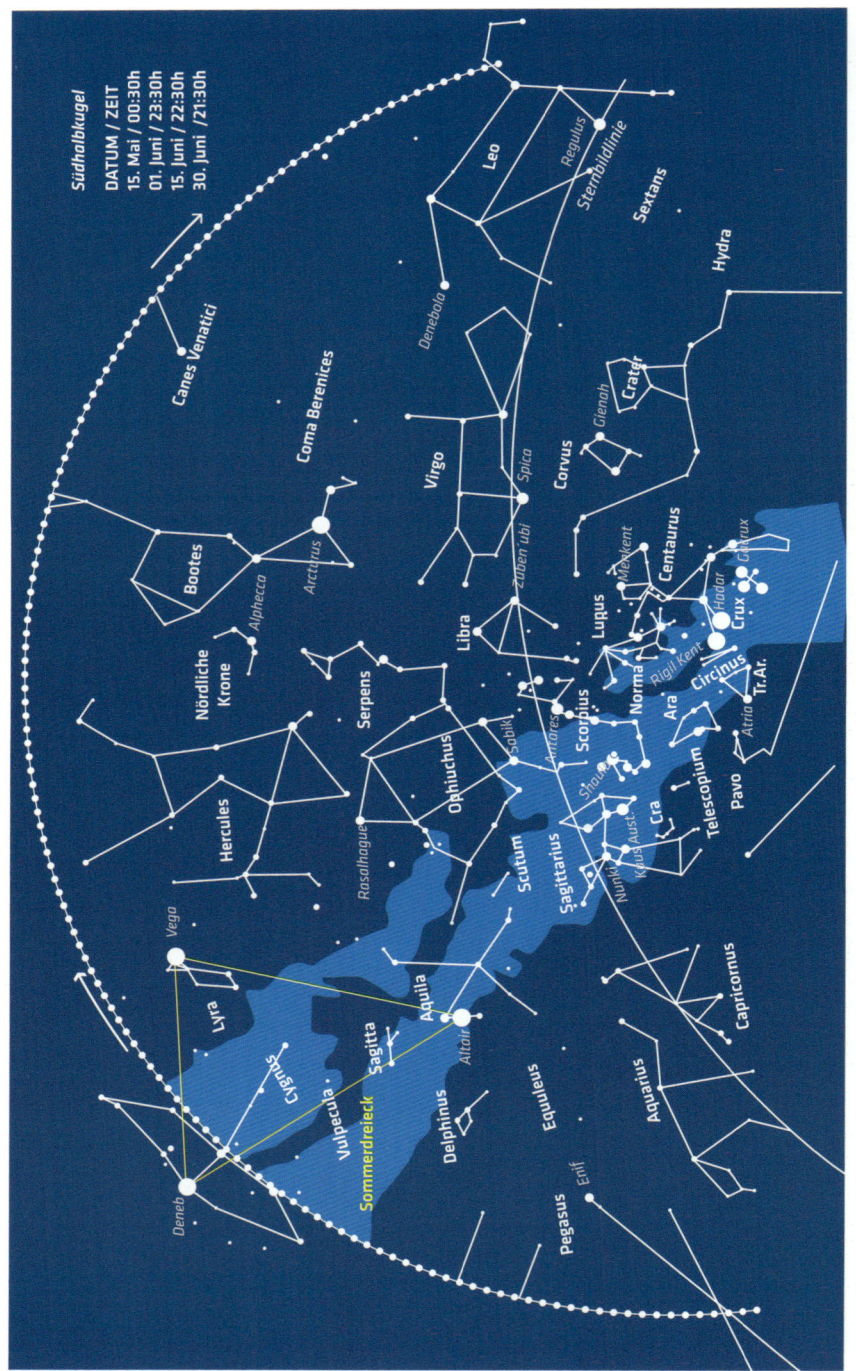

Sternkarten und Sternbildkarten des südlichen Horizontes, sichtbar von Altavista aus in zwei verschiedenen Jahreszeiten und / oder zu verschiedenen Tageszeiten.

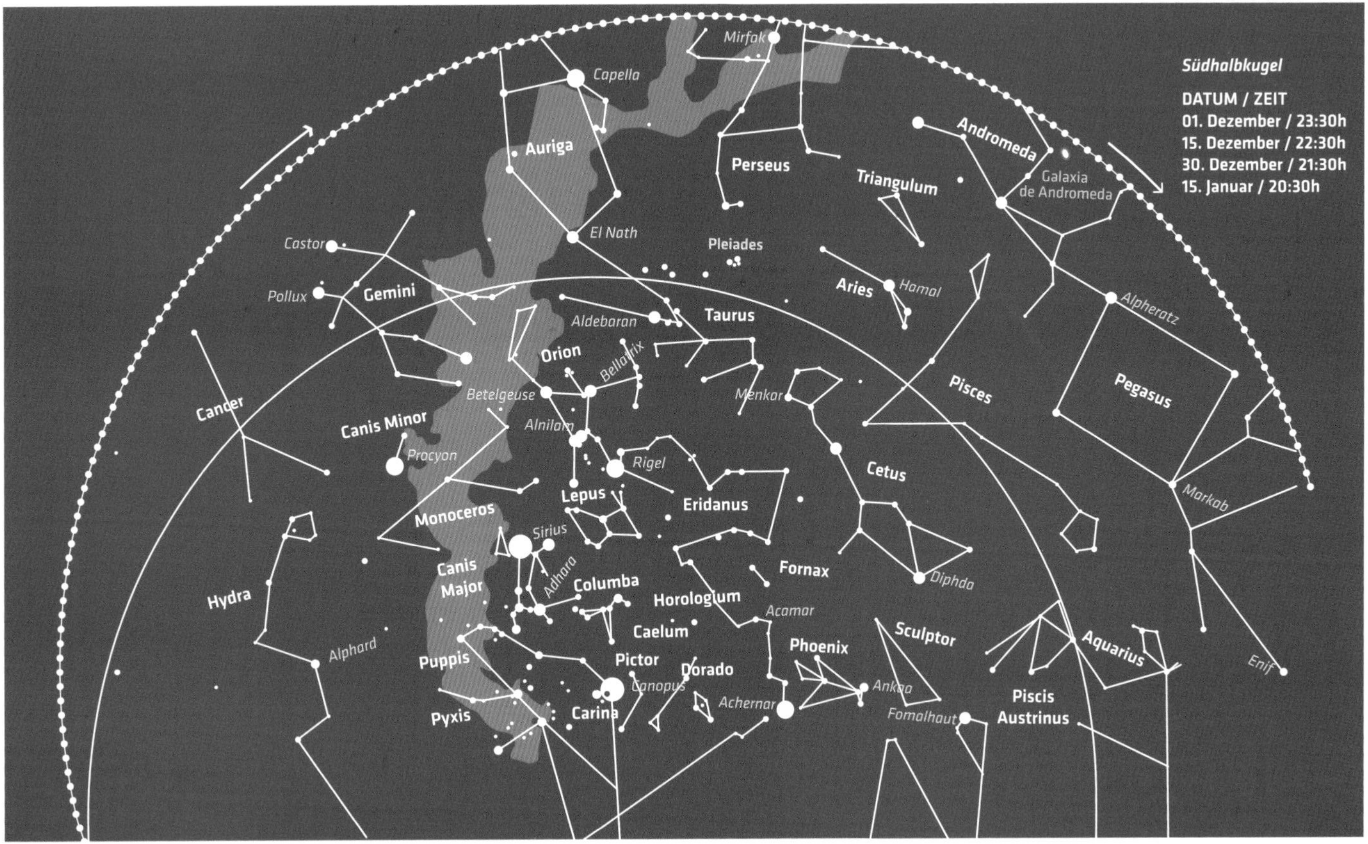
Südhalbkugel
DATUM / ZEIT
01. Dezember / 23:30h
15. Dezember / 22:30h
30. Dezember / 21:30h
15. Januar / 20:30h
Mirfak
Capella
Auriga
Perseus
Andromeda
Galaxia
de Andromeda
Triangulum
El Nath
Pleiades
Castor
Pollux
Gemini
Aries
Hamal
Aldebaran
Taurus
Alpheratz
Orion
Bellatrix
Menkar
Pisces
Pegasus
Betelgeuse
Cancer
Canis Minor
Alnilam
Procyon
Rigel
Cetus
Markab
Lepus
Eridanus
Monoceros
Sirius
Canis
Major
Adhara
Columba
Fornax
Diphda
Hydra
Horologium
Acamar
Caelum
Sculptor
Alphard
Puppis
Phoenix
Aquarius
Pictor
Dorado
Canopus
Enif
Ankaa
Achernar
Piscis
Austrinus
Pyxis
Carina
Fomalhaut

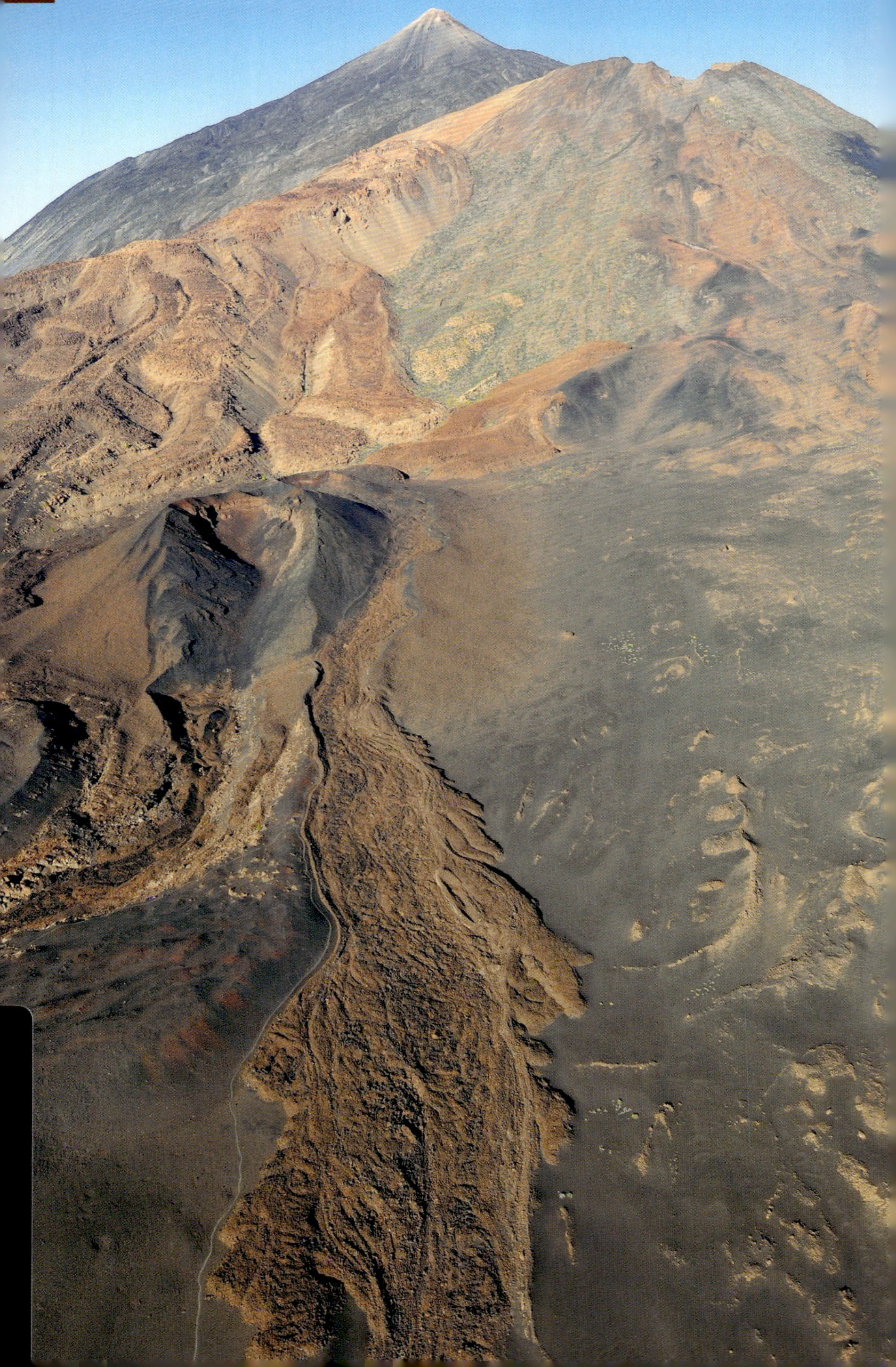

Landschafts-Info

Der Teide-Nationalpark ist ein Gebiet außerordentlicher Geodiversität. Dieser Wanderführer hat bisher schon diverse Angaben zu Struktur und Phänomenen der Landschaft aufgenommen. Teilweise sind sie bei den jeweiligen Punkten der einzelnen Wanderwege ausführlich beschrieben worden.

In anderen Fällen sind die geologischen Prozesse nur kurz erwähnt worden, vor allem, wenn es sich um komplexe Phänomene handelt, die an verschiedenen, interessanten Orten der einzelnen Wanderungen auftreten. Deshalb geben nun die verschiedenen Landschafts-Beschreibungen tiefere Informationen mit Abbildungen zu den diversen Phänomenen, die Sie auf Ihrem Besuch in diesem unvergleichlichen Park selbst antreffen können.

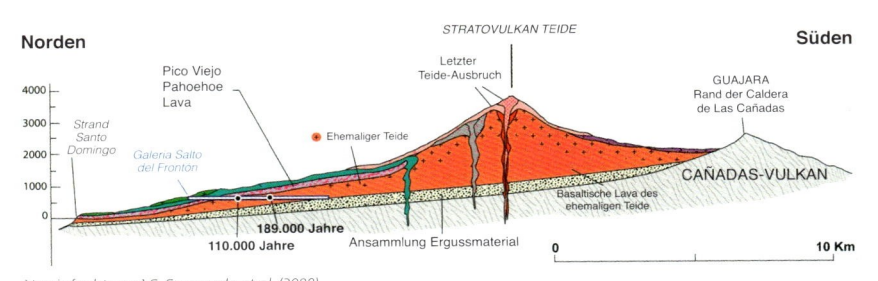

Vereinfacht von J.C. Carracedo et al. (2008)

< Der Nationalpark schenkt seinen Besuchern die verschiedensten vulkanischen Formen. Auf diesem Foto vom Südwesten des Teide aus ist der höchste Teil der Rundwanderung Nr. 13 (Samara) zu erkennen.

Landschafts-Info

AUSBRUCH MIT BASALTISCHER LAVA

Die eigentlichen Magmen sind auf dem Kanarischen Archipel immer basaltisch. Sie steigen direkt aus dem Erdmantel herauf und sammeln sich normalerweise in einer ersten Phase unter der Ozeankruste an, auf welcher der Archipel liegt. Wenn sich im Nachhinein genügend Magma mit ausreichend hohem Druck angehäuft hat, können Risse entstehen, in welche das Magma eindringt, an die Oberfläche steigt und dann schließlich zum Ausbruch kommt.

Das Magma besteht aus einer komplexen Mischung zahlreicher Substanzen, die sich bei verschiedenen Temperaturen kristallisieren und verfestigen. Daneben enthält es auch gelöste Gase, die treibende Transportkraft für die im Magma gelagerte Energie. Die Gase bestimmen zur Mehrheit den Druck und die Flüssigkeit des geschmolzenen Magmas. Bei den flüssigsten Magmen (basaltisch) teilen sich die Gase am leichtesten, da beim Aufsteigen der Druck sinkt, denn die darüberliegende, flüssige „Säule" vermindert sich. Dieses Absinken des Drucks ist vergleichbar mit dem Prozess, den wir beim Öffnen einer Mineralflasche erkennen: eine intensive Bläschenbildung.

Deshalb sind basaltische Vulkane nur leicht explosiv. An der Schlotöffnung steigen in rhythmischen Schüben bei wiederholten Ausbrüchen Gase aus. Die Eruptionen sind mäßig intensiv (im Durchschnitt sechs pro Minute) und schleudern stark zerkleinerte Magma-Fragmente aus, die Pyroklasten. Ihre Größe geht von Aschepartikeln bis zu größeren Brocken, die in die Luft geschleudert werden, sich dort drehen und dadurch vulkanische Bomben bilden. Parallel dazu können zudem ständig Lavaströme herausfließen und die sogenannten Lavaströme bilden.

AUSBRUCH MIT FELSISCHER LAVA

Während der eruptiven Phasen der Insel tauchen im Verlaufe von Jahrtausenden zahlreiche Ausbrüche mit basaltischer Lava auf. Als Ergebnis dieser Aktivität bleiben häufig in einer bestimmten Tiefe Magma mit den basaltischen Resten zurück, die nicht bis an die Schlotöffnung gelangt sind. Diese Massen können jahrtausendelang nur wenige Kilometer unterhalb der Erdoberfläche angesammelt bleiben und bilden Magmakammern für potenzielle, zukünftige Vulkane.

In diesen Magmareservoirs gehen fortschreitende Veränderungen vor, die zusammen die magmatische Evolution einleiten und phonolithisches Gestein bilden können, wie es bei den jüngsten Ausbrüchen des Teide-Gebäudes der Fall ist. Zuerst entgast sich das in der Tiefe eingeschlossene Magma und kaltet ab, was je nach Temperaturabfall zur Kristallisierung der diversen Mineralien führt und diese dadurch eigentlich bildet. Einige kristallisierte Mineralien haben eine hohe Dichte und fallen auf den Grund der Magmakammer ab, sofern sie genug Zeit haben. Nach und nach wird der zurückbleibende Teil einerseits leichter, gleichzeitig aber auch zähflüssiger (höherer Kieselsäure-Anteil). Dieses leichtere Magma kann durch unterschiedliche Auftriebseigenschaften im Hinblick auf andere, es umgebende Materialien weiter aufsteigen. Es kann aber auch ein neuer Zuschub basaltischer Magmamassen aus der Tiefe erfolgen und das Gleichgewicht im entwickelten Magmareservoir verändern, was zu ganz speziellen Eruptionen führen kann. Die diversen Möglichkeiten sind sehr zahlreich, wie es uns der Teide-

Landschafts-Info

Lavadom Montaña Rajada

Nationalpark zeigt.

Der beschriebene Vorgang, der zu der allgemein als felsisch oder sauer bezeichneten Lava führt (Endphase des phonolithischen Gesteins), produziert hauptsächlich sogenannte zentrale Eruptionen, die zuletzt zu den Schichtvulkanen führen. Es handelt sich um große, kegelförmige Gebäude, an denen sich nach wiederholten Ausbrüchen an der gleichen Stelle während langer Zeiten zahlreiche Lava- und Pyroklastenschichten gebildet haben. Die Lavamassen werden dabei je nach Schmelzvorgang immer zähflüssiger. Eine sehr hohe Zähflüssigkeit der Lava begünstigt ein Vulkangebäude, das mehr in die Höhe als in die Breite wächst. Die ausgeflossene Lava bleibt eher in dicken Massen in der Nähe der Schlotöffnung und breitet sich nur wenig aus. Bei anhaltendem Wachsen des Vulkans in die Höhe reicht der Druck im Magma nicht mehr aus, um bis an die Schlotöffnung zu gelangen. Es ist leichter und wahrscheinlicher, dass sich die Flüssigkeit einen anderen Weg an den unteren Flanken des Gebäudes sucht. Genau das ist beim Teide und seinen zahlreichen, ziemlich jungen Ausbrüchen erfolgt (Montaña Majúa, Montaña Blanca, Montaña Rajada, Pico Cabras, Pico Viejo, usw.)

DOM

Fließen bei diesen Eruptionen besonders zähflüssige Lavamassen mit einem kleinen Gasanteil aus, bilden sich gewöhnlich keine kegelförmigen Vulkane. Die Lava häuft sich sehr nahe oder sogar gleich über der Schlotöffnung an und bildet kuppelförmige, sogenannte Vulkandome. Dies ist der Fall bei Montaña Rajada oder Montaña Blanca.

> Vulkankegel und Lavamassen der letzten phonolithischen Eruption des Teide (8. Jh.). Der Teide bildet weltweit den Höhepunkt der vulkanischen Entwicklung einer Ozeaninsel. Dies hängt eng mit der Entwicklung der Masse zusammen, die in den Magmakammern eingeschlossen ist. Dies ist der hauptsächliche Grund, weshalb die UNESCO den Teide-Nationalpark zum Weltnaturerbe erklärt hat.

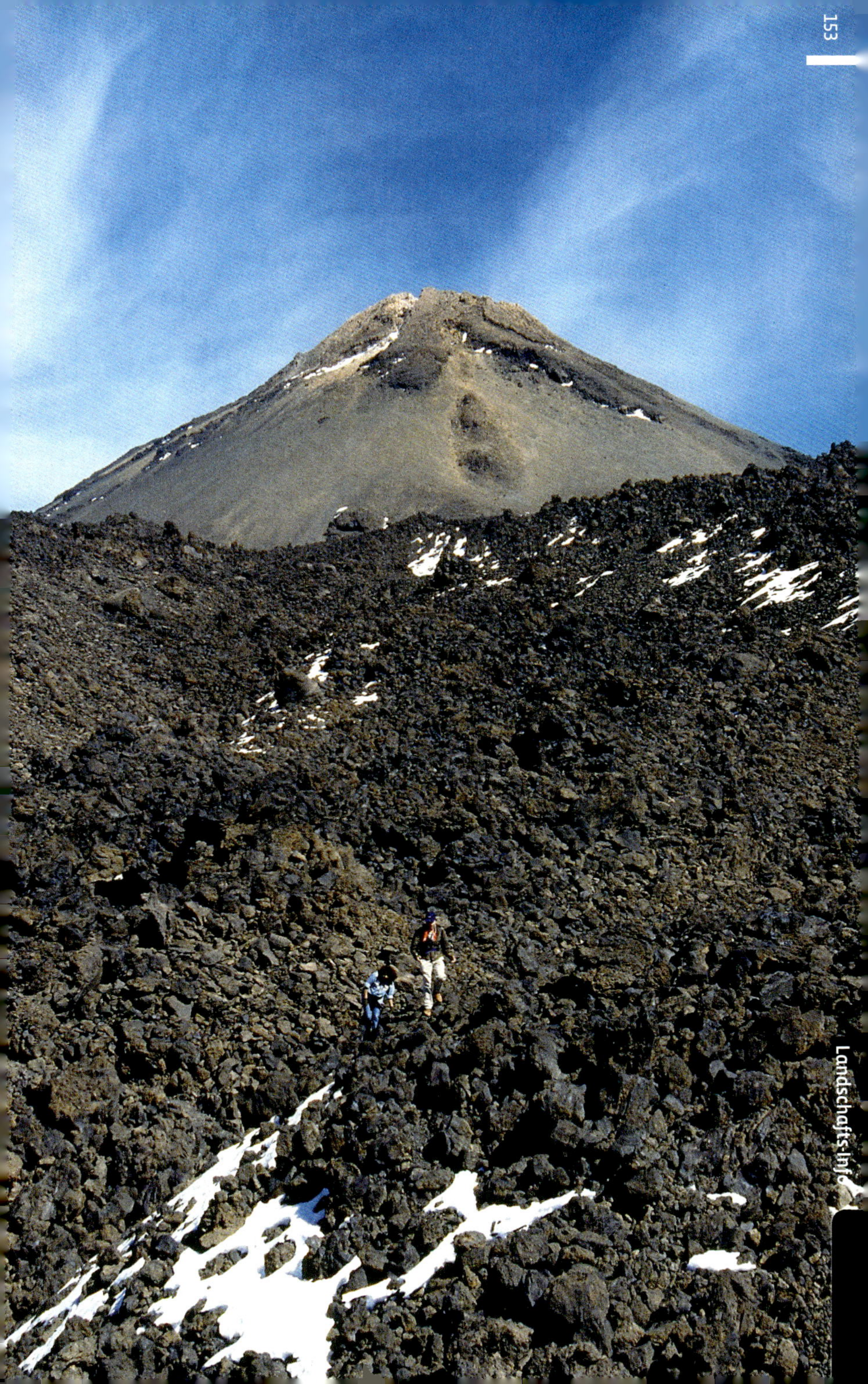

Landschafts-Info

LAPILLI UND BIMSSTEIN

Die Lapilli sind Magmafragmente, die aus den Schlotöffnungen gespien werden. Je nach Intensität des Ausbruchs, dessen Richtung oder die vorherrschende Windstärke verteilt sich dieses Auswurfsmaterial mehr oder weniger.

Basaltische Lapilli sind vorwiegend schwarz oder rot, wenn sie oxidiert sind. Dieses Material ist geläufig unter dem Namen „Picón" (Lavakies) bekannt. Bei sauren Ausbrüchen wie den phonolithischen nennt man das Material jedoch „Piedra pómez" (Bimsstein) oder „Zahorra" (Granulat). Es handelt sich um helle Lapilli mit hohem Gasanteil. Das Gestein kann leichter als Wasser sein. Solche Ausbrüche können stark explosiv vor sich gehen, wodurch die Bimssteinfelder weit ausgedehnt werden.

Kurz gesagt, der Bims ist ganz einfach ein schwammförmiges, durch eine intensive

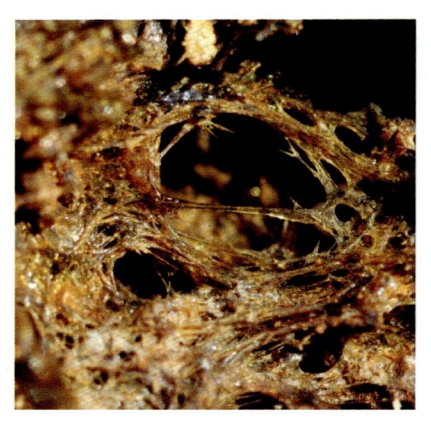

Glasfasern des Bimssteins

Entgasung entstandenes phonolithisches Magma, dessen Gasbläschen aufgrund der raschen Abkühlung und Verfestigung im Gestein eingeschlossen wurden.

Bimssteinablagerungen. Beachten Sie die Person am Fuß der Gesteinswand

VULKANKEGEL

Am häufigsten sind die sogenannten Schlackenkegel aus basaltischen Ausbrüchen. Obwohl die Eruptionen nur schwach explosiv verlaufen, häufen sich bei wiederholten Ausbrüchen Schlacken und Pyroklastiten an der Schlotöffnung an.

Die Kegel nehmen je nach Gasanteil, Explosivität der Ausbrüche, Größe der Pyroklasten sowie Stärke und Richtung des Windes während den Eruptionsphasen diverse Formen an.

Im Querschnitt sind die einzelnen Schichten zu erkennen, an denen die Geologen ihre Geschichte ablesen können.

Basaltische Lapilli oder „Picón" (Lavakies).

📓 Landschafts-Info

LAVASTROM

Als „Lavastrom" wird gewöhnlich das geschmolzene Gestein benannt, das aus dem Vulkan quillt. Anders gesagt, die heiße, ausfließende Lavamasse, welche die „Lavazungen" oder Laveströme bildet. Die flüssige Lava zieht sich den Abhang hinab, muss aber gewöhnlich von neuen Lavaschüben nachgeschoben werden. Je zähflüssiger die geschmolzene Lava, umso dicker wird der Strom und umso mehr Lavablöcke bilden dessen Oberfläche. Sehr oft „zeichnen" sich dabei Schubwellen oder –bögen ab, je visköser die Lava, umso größer diese Formationen.

BLOCKLAVA

Bei Eruptionen mit sehr zähflüssigem Magma quillt es kurz vor seiner Erstarrung aus, sodass die neue, nachgeschobene Lava die schon ausgetretene Masse in große Blöcke aufbricht. Daraus entsteht eine chaotische Oberfläche aus Lavablöcken verschiedener Größe, die nur schwer begehbar sind.

Lavablöcke

SCHWEISSSCHLACKEN-ABLAGERUNG (AGGLUTINAT)

Ein Magma mit einem hohen Gasanteil kann pulverförmig wie ein Spray voll *glühender Partikel* herausgeschleudert werden und riesige Glutwolken bilden. Sobald dieses Auswurfmaterial nicht weiter in Bewegung ist, bildet sich ein einzigartiges Gestein, Ignimbrit, was so viel wie „Feuerregen" bedeutet. Zwar liegen diese Materialien nicht auf den in diesem Führer beschriebenen Wanderungen, man findet solche Gesteine jedoch an verschiedenen Orten in den Kessel-Wänden und im Süden Teneriffas.

Auf der **Wanderung zu Montaña Blanca** aber stößt man auf ganz besondere Lavaströme, Agglutinate aus der Verschmelzung von Blocklava (Lavastrom) und Glutwolken-Material.

Agglutinate und Ignimbrit können sich aus phonolithischem Magma bilden. Normalerweise wird zuerst das Material aus dem oberen Teil des Magmareservoirs ausgestoßen, wo das geschmolzene Gestein einen hohen Gasanteil angesammelt hat. Wahrscheinlich entsteht somit ein „Bimssteinregen", wenn sich der Förderschlot verengt, kann sogar eine „Glutwolke" entstehen.

Nach fortschreitendem Entleeren der Magmareserven tauchen die tiefer gelegenen Materialien auf. Diese haben einen niedrigeren Gasanteil und haben demnach auch eine schwächere Antriebskraft. Diese ausgeworfenen Lavafragmente fallen nach einem kurzen Flug durch die Luft gleich in noch flüssigem oder teigartigem Zustand zu Boden. Sie sammeln sich an und werden dabei verformt und verschmelzen miteinander zu einer Verbindung, die sich nur über eine kurze Strecke hinweg bewegen kann.

Bei den verschiedenen Einschnitten der Piste bei Montaña Blanca findet man außerordentliche Beispiele dieser magischen Gesteinsmosaike. Sie unterscheiden sich je nach Gasanteil

📓 Landschafts-Info

LAVAKANAL

An stark geneigten Flanken bilden die Lavaströme häufig Kanäle. Dies beruht darauf, dass sich das Material an den Rändern schnell abkühlt und verfestigt. Dadurch entstehen zunächst kleine Wände, über die sich der Lavastrom zunehmend ergießt und nach und nach deutlich geformte, seitliche Wände bildet, die ihrerseits wiederum die Hitze abdichten und den Lavafluss begünstigen.

Die Mehrheit der phonolithischen Lavaströme, die auf dem Teide zu erkennen sind, verlaufen in Kanalform und sind normalerweise aufgrund der Zähflüssigkeit dieses Lavatyps sehr dick (bis 40-100 m dick).

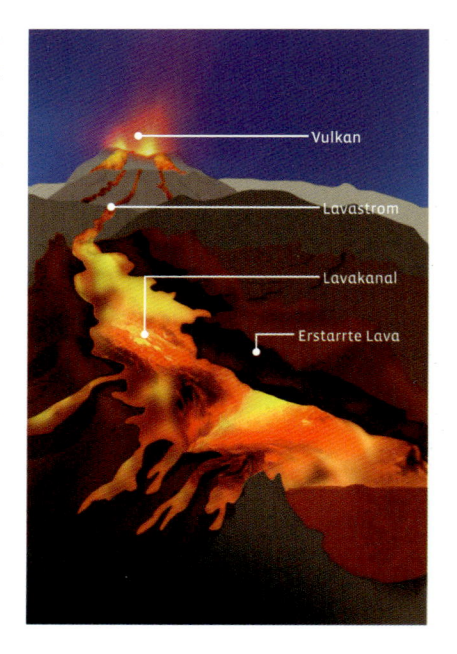

LAVARÖHRE

Die Lavakanäle können sich zu Lavaröhren ausbilden, wenn sich von Wand zu Wand eine harte Oberfläche bildet, welche die Wärme der inneren, flüssigen Lava bewahrt. Nach Beendigung des Ausbruchs fließt diese Lava weiter, bis sich die Röhre entleert hat.

Es kann aber auch vorkommen, dass sich die Kanalöffnung verengt. Dies geschieht dann, wenn weitere Lavamassen den Kanal seitlich überfluten und dabei Schichten bilden, deren Ränder zuletzt zusammentreffen und sich schließen.

Lavaröhren sind bei basaltischen Ausbrüchen häufig anzutreffen, obwohl es auch Fälle von Röhren bei phonolithischen Eruptionen gibt, wie es bei der „Cueva del Hielo" (Eishöhle) der Fall ist. Das Phänomen ist bei basaltischen Lavamassen komplexer, als Ergebnis entstehen Röhren-Labyrinthe wie die 18km lange Cueva del Viento in Icod de los Vinos im Inselnorden. Die öffentlich zugängliche Lavaröhre entstand vor 27.000 Jahren beim ersten Ausbruch des Pico Viejo.

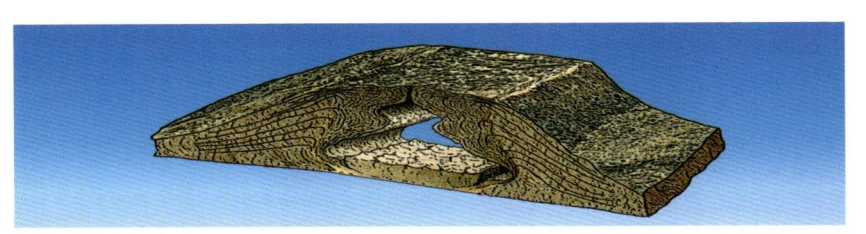

Landschafts-Info

Cueva del Hielo. Die Route auf den Teide-Gipfel hinauf war in früheren Zeiten sehr bedeutend. Im Vulkankrater wurde nicht nur Schwefel abgebaut, der Weg auf den Teide diente auch dazu, Eis aus dieser Höhle zu holen. Für frühere Expeditionen war es ein obligatorischer Halt. Das angehäufte Eis, das sowohl durch direkten Schneefall als auch durch eingesickertes Wasser entstand, „lagerte" dieses wertvolle Nass. Bis Ende des 19. Jahrhundert wurde das Eis abgetragen und auf den Rücken von Maultieren für die damaligen „Kühlschränke" und Speiseeis-Fabriken abtransportiert. Die Höhle liegt inmitten einer beinahe unbegehbaren Gesteinswüste ohne angelegten Weg. Aus Erhaltungs- und Sicherheitsgründen ist die Höhle nur in Begleitung eines Parkführers und für einen konkreten Anlass (Forschung oder Verbreitung) zugänglich.

Die kurze, 55m lange Lavaröhre, die in einem Lavakanal entstanden ist, wurde durch zahlreiche Lava-Überflutungen verschlossen. Die „Decke"" war eine Art Wärmedichtung, weshalb die innere Höhlentemperatur erhalten blieb. Nach Beendigung des Ausbruchs floss die Lava in der Röhre weiter ab, bis sie sich entleerte.

Die Höhle liegt in einem tiefer gelegenen Lavastrom, der jedoch auf denselben Ausbruch wie jener von Lavas Negras zurückgeht. Der Lavaarm verzweigt sich, der rechte Teil verläuft weiter nach hinten rechts, der andere fährt unter dem Höhleneingang fort. Die drei äußeren Teile sind von der Lava verstopft, die nicht mehr ganz herausfließen konnte. Das große Gewölbe entstand wahrscheinlich auf einem Absatz der ursprünglichen Oberfläche, über die sich der Lavastrom ausgoss.

Auf dem Boden vor der Höhle erkennt man neben dem Eingang diverse, klar definierte schwarze, gläserne Lavaschichten mit einer jeweiligen Dicke von etwa 30 cm. Auf der einen Seite sind sie in eine Richtung hin geneigt, auf der anderen Seite in die gegenüber liegende. Sowohl der linke als auch der rechte Teil ist von Lava überflutet, die aus dem Kanal drang, als er noch nicht ganz verschlossen war. Die flüssige Lava setzte sich beidseitig je an eine Lavaschicht, bis beide Seiten schließlich aufeinandertrafen und die Höhlendecke formten.

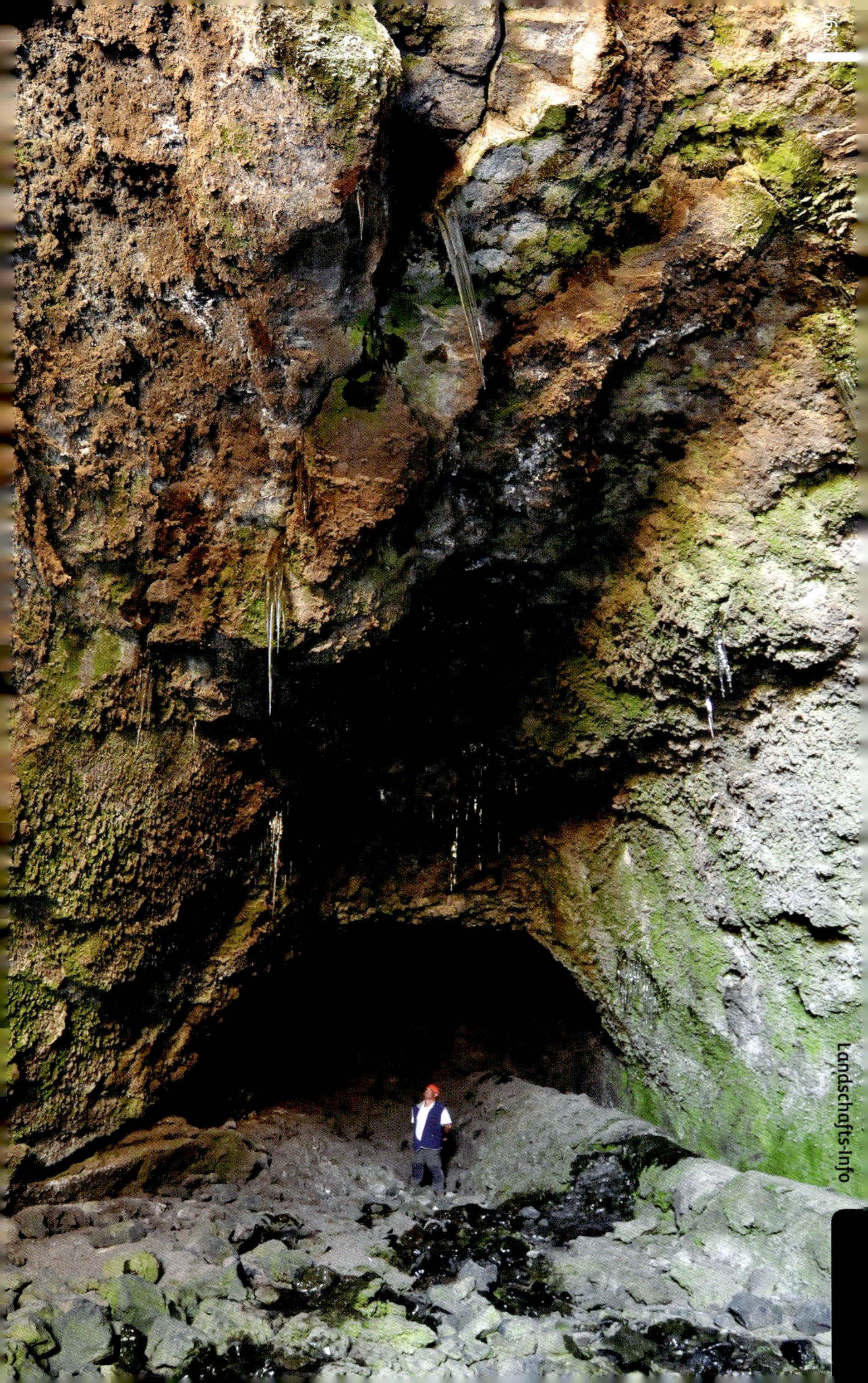

Landschafts-Info

STRATOVULKAN

Der Teide ist ein typischer Schichtvulkan. Er ist aufgrund zahlreicher Ausbrüche an derselben Stelle im Verlaufe einer langjährigen Geschichte und verschieden entwickelten Magmen entstanden.

Diese Vulkanart hängt mit nicht tief gelegenen Magmakammern zusammen, deren Förderschlot eine gewisse Temperatur bewahren, welche zu einer Eruptions-Konzentration führt. In diesen Kammern „brodelt" das ursprüngliche Magma und wird immer zähflüssiger. Die entwickelten Lavamassen sind phonolitischer Art und sind auch der Grund dafür, dass diese Vulkangebäude so stark geneigt sind: Je zähflüssiger die Lava, umso weniger breitet sie sich aus und umso wahrscheinlicher bleibt sie nahe der Schlotöffnung stecken, was zu einer höheren Neigung führt.

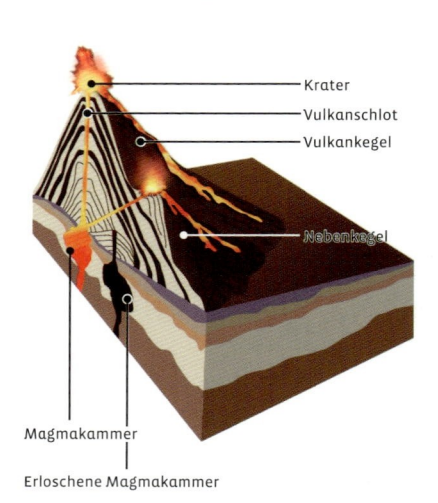

- Krater
- Vulkanschlot
- Vulkankegel
- Nebenkegel
- Magmakammer
- Erloschene Magmakammer

∧ Die Abbildung zeigt die Nordseite des Teide und wie sich das Gebäude von den noch mit Kiefern bewaldeten 1.600 m bis auf 2.100 m hinaufzieht.

DER TEIDE-ZIPFEL

Der obere Teide-Zipfel, auf dessen unterem Teil und Flanken die diversen Wanderwege von der Seilbahn-Bergstation aus führen, brach vor etwa 1.200 Jahren aus (8. Jh.). Im Verlaufe der Gebäudeentwicklung übergossen die schwarzen Lavamassen einen Großteil des Teide, vor allem an seiner Nordflanke. Die anfänglichen Lavaströme wurden von nachfolgenden Materialien bedeckt. Wie eine Zaubererscheinung kommen deshalb am Fuß des Kegels verschiedene Lavaflüsse hervor, während andere wie der Lavakanal neben der Bergstation am Kraterrand ganz oben beginnen. Der stark geneigte Zipfel (bis 35-39°) wurde genau durch diese Lavaströme verursacht, die sternförmig auseinanderflossen, sich verfestigten und dem Gebäude somit nach und nach die typische Form verliehen. Die häufigsten Lavakegel bestehen aus zersetztem Material (Pyroklastite) und sind viel weniger steil.

Dieser Zipfel misst bis auf die Spitze 220 m, seine Basis liegt aber gegen Norden und Westen hin um einiges tiefer. Er erhob sich aus dem ehemaligen Krater, der einen Durchmesser von etwa 800 m hatte. Die Überreste dieses Kraters tauchen am Randgebiet des Vulkankegels auf, man kann sie von einigen Strecken der Bergstation-Wanderrouten aus erkennen.

Landschafts-Info

SCHWARZE LAVASTRÖME DES LETZTEN TEIDE-AUSBRUCHS

Die letzte eigentliche Eruption des Teide wurde mit dem C14-Verfahren datiert, da man unter diesen Lavamassen auf verkohlte Pflanzenreste stieß. Man stellte dabei fest, dass der Ausbruch auf das Jahr 800 zurückgehen musste, wobei man einen Irrtum von ± 140 Jahren mit einrechnen muss. Geschätzt wird, dass sich bei jenem Ausbruch etwa 0,66 km3 phonolitischer Lava ergoss, mehrheitlich gegen Norden hin, ohne aber bis ans Meer zu gelangen. Auf einer Höhenlage von 850 m blieb die Lava stehen, genau auf der Höhe, die jetzt mit Kiefernwäldern bedeckt ist.

Die Eruption gestaltete den Teide-Zipfel, über den sich strahlenförmig zahlreiche Lavaflüsse ergossen, von denen sich die meisten beim Herabfließen der gewaltigen Neigung in Lavakanäle verwandelten.

Die Lava selbst ist tiefschwarz, sehr gläsern, beinahe obsidianisch, enthält aber in ihrem Inneren zahlreiche weiße Sanidin-Kristalle, welche von der Magma aus den Tiefen hervortransportiert wurden. Allerdings verändert sich die Textur und der Anteil dieser gläsernen Elemente, und an einigen Stellen weisen sie das typische Aussehen des Obsidians auf.

Detail des phonolithischen Obsidians mit Sanidin-Kristallen des letzten Teide-Ausbruchs. Maßstab 1 cm.

∧ Kiefernwald über den Lavas Negras auf der Nordseite des Teide. Links davon der Pico Cabras.

OBSIDIAN

Der Obsidian bildet sich durch rasche Abkühlung entwickelter Lava, wie es bei der phonolithischen Lava der Fall ist. Das Ergebnis ist ein **vulkanisches Glas**. Die „reinsten Obsidiane" bestehen nur aus Glas: Sie kühlen sich so schnell ab, dass keine anderen Minerale kristallisieren können. Die Phonoliten werden mit 800°C an die Oberfläche gefördert und erstarren somit schneller als Basaltgestein (das mit Temperaturen von bis zu 1.200°C herausgeschleudert werden kann). Demnach besteht bei den Phonoliten eine größere Wahrscheinlichkeit zur Glasbildung.

Beim Zerbrechen bilden die vulkanischen Glasgesteine glänzende, durchscheinende und scharfe Oberflächen. Da vulkanisches Glas keine festgelegte innere Struktur aufweist (es ist amorph, ungeordnet), setzen sich die Brüche fortlaufend fort, ohne dass eine innere Struktur besteht, welche die Bruchform bestimmt oder leitet. Als optimales Glasgestein benutzten die Guanchen den Obsidian als Schneidewerkzeug (Tabonas).

Obwohl im täglichen Sprachgebrauch kaum zwischen Glas und Kristall unterschieden wird, sind diese beiden Feststoffe für die Physik doch gänzlich verschieden. Der eine Stoff ist ein strukturiertes Material, dessen Bausteine geordnet und regelmäßig sind (Mineral oder Kristall), die Gläser jedoch sind amorphe Materialien.

Phonolithische Obsidianstreifen. Maßstab 10 cm.

Landschafts-Info

FUMAROLEN

Der Teide besitzt weiterhin ein Magmareservoir, das sich etwa auf Meereshöhe befindet. Diese Magmakammer kaltet ab und entgast sich dabei, was zu den Ausströmungen des Vulkans führt. Es handelt sich dabei vorwiegend um Wasserdampf, der auf dieser Höhenlage bei etwa 85°C zu sieden beginnt. Daneben strömen auch CO_2 Stickstoff und Schwefelgase aus (SO_2 und SH_2). Die Schwefelstoffe bilden durch Sublimation (direkter Übergang vom Gas- in den Festzustand, ohne zuerst flüssig zu werden) Schwefelkristalle. Dieser Vorgang findet hauptsächlich im Kraterinneren statt. Ferner entsteht aus der Reaktion mit dem Wasserdampf Schwefelsäure, welche die Gesteine verändert und zu weißlichen Ablagerungen führt, die bei Kontakt sogar die Kleider angreifen kann. Deshalb ist davon abzuraten, sich im Umkreis des Kraters hinzusetzen.

Um Eruptionen vorhersagen zu können, beobachtet man unter anderem eventuelle Veränderungen der Fumarolen oder allgemein der hydrothermischen Aktivität. Die Fumarolen werden gänzlich oder teilweise durch die Gase verursacht, die aus einer sich entgasenden Magmakammer aufsteigen. Generell können diese magmatischen Flüssigkeiten die mehr oder weniger an der Oberfläche liegenden Wasserreservoire zum Sieden bringen. In diesen Fällen steigt der Wasserdampf je nach Höhenlage mit dem jeweiligen Siedepunkt aus. Dies passiert wie oben erwähnt beim Teide.

SCHWEFEL

Schwefel ist ein chemisches Element (Symbol: S), **kein Metall**, und ist ein Bestandteil vieler natürlicher und industrieller Stoffe. Schwefel kommt in der Natur als gediegenes Element vor und ist häufig in Vulkanregionen bei Ausströmungen magmatischer Gase vorhanden.

Zudem ist Schwefel ein grundlegendes Element für die Lebewesen, denn er ist ein Teil der Eiweißstoffe. Sowohl industriell als auch im täglichen Gebrauch findet Schwefel einen hohen Einsatz (Dünger, Schwefel-Pulver, Zündhölzer, Insektengifte, usw.). Deshalb wurden die Schwefelbestände im Teide-Krater auch abgebaut.

Der Schwefel kristallisiert je nach Temperatur und anderen Faktoren auf verschiedene Weisen. Bei den Solfataren, also den Fumarolen mit Schwefelgasen (SO_2 und SH_2), die aber auch einen hohen Wasserdampfanteil wie auf dem Teide haben können, kann Schwefelsäure entstehen, daneben kann der Schwefel jedoch auch sublimieren und an den Rändern der Austrittskanäle der Vulkanausströmungen kristallisieren.

Landschafts-Info

LAVAKUGEL

Lavakugeln entstehen nach demselben Prinzip wie ein Schneeball: Beim Herabrollen über den weichen Schnee werden sie größer und größer. Wenn sich Lavaströme einen steilen Abhang herabschieben, können sich einzelne, schon erhärtete Bestandteile loslösen und über die noch flüssige Lavamasse rollen. Dabei nehmen diese Gesteinsbrocken zunehmend neue Lava auf, bis sie dann schließlich den Lavastrom gänzlich hinter sich lassen und losgelöst weiter nach unten rollen.

Solche Felskugeln sind an zahlreichen Stellen anzutreffen, wie auf dem Wanderweg beim Aufstieg zum Teide von Montaña Blanca aus oder auf der Wanderung zum Aussichtspunkt Pico Viejo.

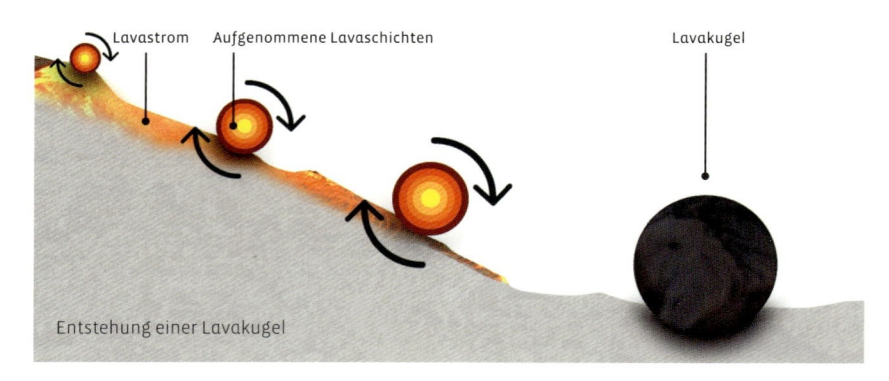

Lavastrom   Aufgenommene Lavaschichten   Lavakugel

Entstehung einer Lavakugel

SPALTENERUPTION

Häufig erfolgen basaltische Eruptionen entlang großer Spalten, die sich kilometerweit ausdehnen können. Dadurch entstehen verschiedene, ausgerichtete Vulkankegel, die aber alle von derselben Spalte ausgehen. Als Beispiel dienen die Vulkane Siete Fuentes, Fasnia und Arafo.

Die Abbildung zeigt eine Spalte auf dem Gipfel der Montaña Blanca, von der aus sich mehrere phonolithische Lavazungen ausdehnen. Diese Ergüsse sind von der Hauptstraße aus in der Nähe der Seilbahn-Talstation sichtbar. Auch auf der Seilbahn-Fahrt selbst oder von der Bergstation aus sind diese kleinen Lavaströme gut zu erkennen, die sich die Spalte entlang aneinanderreihen. Sie sind Zeugen der letzten aktiven Phase von Montaña Blanca, denn sie tragen keine Bimssteindecke. Bei den restlichen Lavaströmen dieser vulkanischen Gesamtheit konnten acht verschiedene Eruptionsphasen festgestellt werden, je nachdem, wie sehr sie mit Bimsstein bedeckt sind.

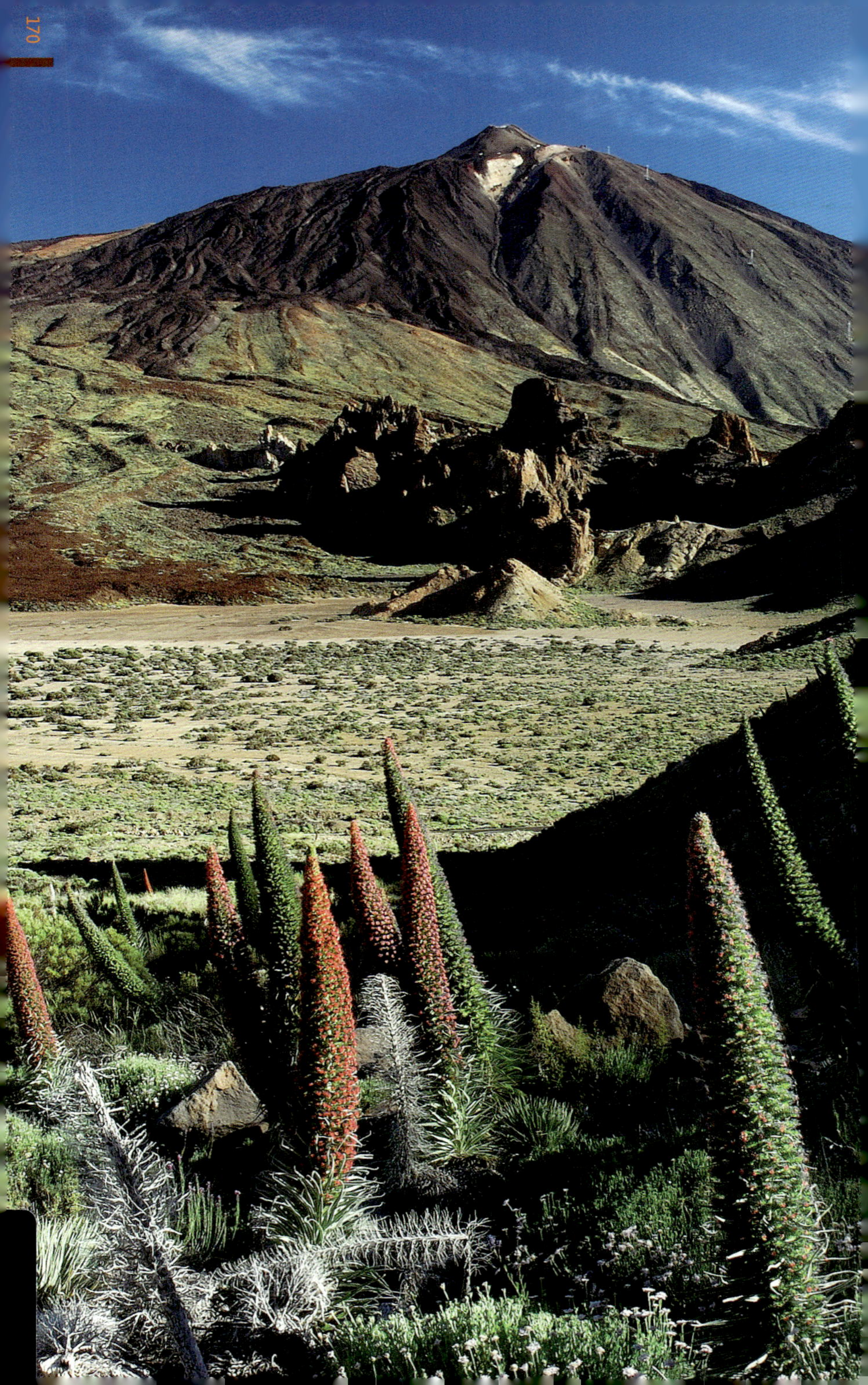

Flora

Die wichtigsten Endemiten im Teide-Nationalpark

Der anscheinend karge Boden des Teide-Nationalparks gibt kein Indiz auf die üppige Pflanzenwelt, die im Frühling erscheint. Zusammen mit den geologischen Schätzen trägt die Vegetation dazu bei, dass der Park auf der Welt einzigartig ist.

Ein Besuch ist niemals vollständig, wenn man nicht den sensationellen Frühling in Las Cañadas del Teide erlebt und genossen hat.

< Natternköpfe oberhalb der Ucanca-Ebene

Flora

Ökologisch gesehen ist die Cañadas del Teide ein Eiland innerhalb der Insel Teneriffa. Verantwortlich für dieses einzigartige Phänomen ist die Höhenlage, auf welcher sich die Caldera befindet: über dem Wolkenmeer, das den Regionen in Gebieten unter 1.800 m ihre Feuchtigkeit schenkt. Diese doppelte Isolation beeinflusste die Entwicklung vieler Pflanzen, die sich diesem trockenen Hochgebirgsklima anpassten. Es entstanden zahlreiche Endemiten, je höher ihr Lebensraum, umso exklusiver ihre Besonderheit. Dies bedeutet, dass es nicht nur Endemiten der Insel Teneriffa selbst gibt, sondern sogar ausschließlich auf den Teide und dessen Umgebung beschränkt sind.

Die typischsten und einzigartigsten Pflanzen des Teide-Nationalparks sind der Teide-Ginster, der rote Teide-Natternkopf und das Teide-Veilchen, aber innerhalb der Parkgrenzen sind mehr als 168 Gefäßpflanzenarten aufgenommen worden. Viele davon sind Süßgräser oder andere Kosmopoliten, wovon einige erst vor Kurzem eingeführt oder an ganz konkreten Stellen festgestellt worden sind. Die Pflanzenlandschaft jedoch besteht charakteristisch und zum größten Teil aus kanarischen Endemiten, genau 59 von allen einheimischen Pflanzenarten sind nur hier anzutreffen. Davon sind 34 Arten ausschließlich auf Teneriffa heimisch, und von diesen wiederum gedeihen 11 Arten nur innerhalb der Parkgrenzen.

Drei der Pflanzen, die in diesem Wanderführer beschrieben sind, gehören jedoch nicht zu den Endemiten Teneriffas:

- Der Teideginster wächst auch auf La Palma. Man geht allerdings davon aus, dass er dort eingeführt wurde, ist aber jedenfalls nur schwach verbreitet.
- Der Geißklee hat zwei Unterarten: Die Pflanze, die auf den Gipfeln Teneriffas wächst, ist auch auf La Gomera zu finden. Die andere Art jedoch ist vorwiegend in den Höhen von La Palma zu finden.
- Der Farn *Cheilantes tinaei* ist zwar ein Kosmopolit, aber auf den Kanarischen Inseln ist er nur auf Teneriffa bekannt.

> Die Gattung *Aeonium* hat zahlreiche, endemische Vertreter auf den Kanarischen Inseln. Die Abbildung zeigt eine der eigenartigsten, auch ein Bewohner der Höhen Teneriffas (das Dickblattgewächs „Bejeque", *Aeonium smithii*).

Flora

TEIDEGINSTER

Spartocytisus supranubius • Hülsenfrüchtler

Dieser Hülsenfrüchtler beherrscht die Höhenlandschaft Teneriffas. Die lateinische Bezeichnung *supranubius* deutet auf sein exklusives Vorkommen im Hochgebirge oberhalb der Wolkendecke hin. Das beste Wachstum erreicht er auf etwa 2.100 m, gedeiht jedoch bis auf 3.250 m an der Südflanke des Teide. Die dortigen, schwierigen Klimabedingungen beeinflussen aber einen etwas kleineren, gedrungenen Wuchs, wie es in diesen Höhen auch beim Geißklee der Fall ist.

Die Intensität und die Bedingungen für die Blüte dieser Pflanze im Frühling schwanken je nach den Niederschlägen des vorherigen Winters. Auch die jeweiligen Blütegebiete sind unterschiedlich, je nachdem, ob es sich um die Höhen von La Orotava oder um das Kesselinnere handelt. In allen Fällen jedoch ist die Blütenbildung einfach spektakulär und überschwemmt die Landschaft mit weiß bis rötlich gefärbten, stark duftenden Blüten.

Die buschartige Pflanze ist stark verzweigt. Mit einer Höhe von bis zu 2 m kann sie einen 8 m großen Durchmesser aufweisen. Blätter trägt sie nur zeitweise, nämlich kurz vor der Blüte. Es sind kleine, in Dreiergruppen angeordnete und grün-gräuliche Blätter. Die Blüten bilden dichte, stark duftende Trauben, die Früchte schwarze Hülsen.

Da diese Pflanze bei der Honigbiene sehr beliebt ist, sind den Imkern Bienenstöcke an speziell zugelassenen und beschilderten Stellen gestattet. In früheren Zeiten wurde der Teideginster auch zur Kohleherstellung und als Futtermittel verwendet.

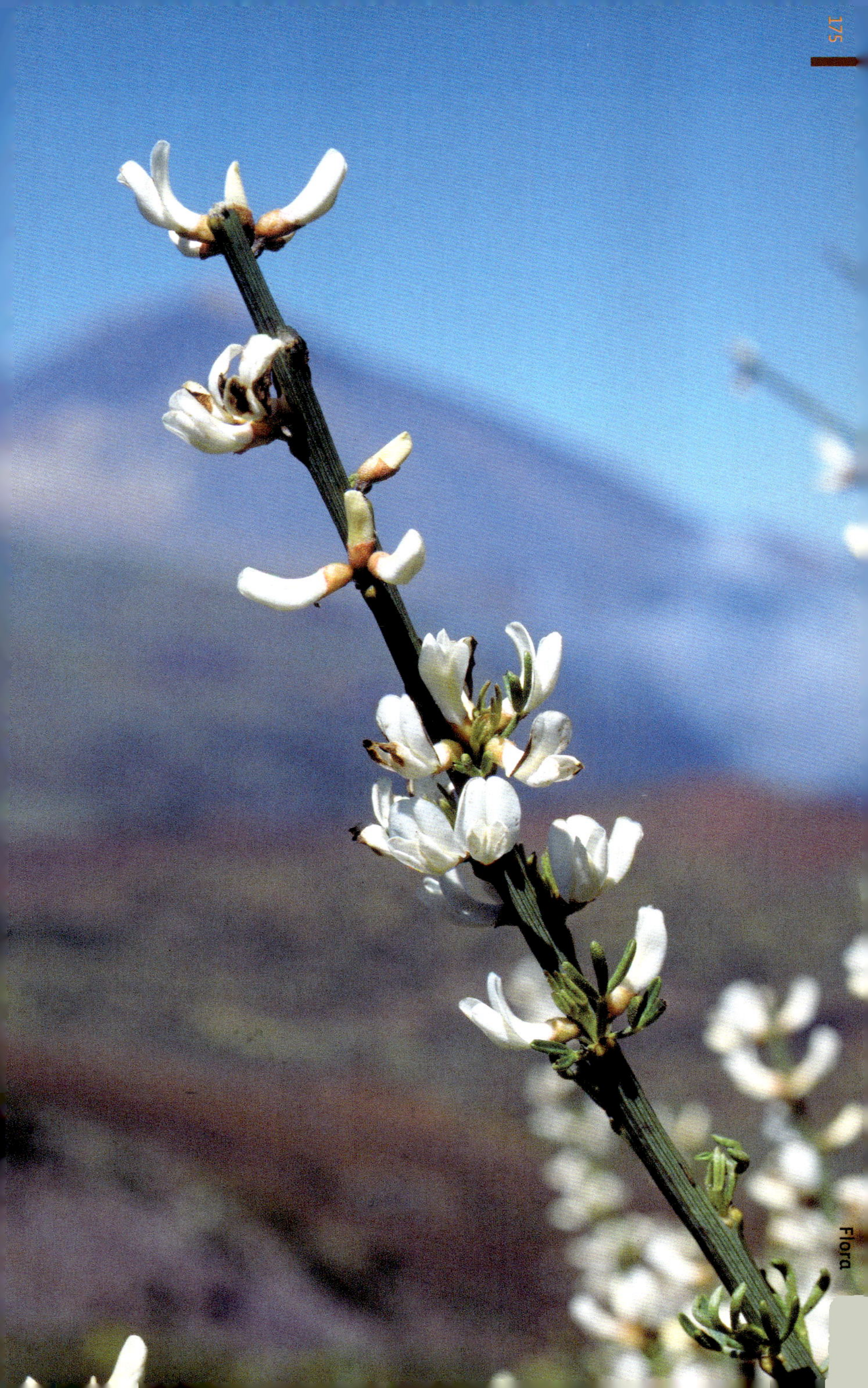

GEISSKLEE

Adenocarpus viscosus • Hülsenfrüchtler
Neben dem Teideginster ist dieser Hülsenfrüchtler die typischste Pflanze in den Höhen Teneriffas und an den Teideflanken. Die gelben, auch stark duftenden Blüten sind dem Teideginster sehr ähnlich.

Es handelt sich um einen buschigen, gedrungenen und stark verzweigten Strauch. Die in Dreiergruppen angeordneten, gräulichen Blätter von geringer Größe sind klebrig anzufassen, die Blüten sind intensiv gelb. Die kleine, runzlige Hülsenfrucht ist mit schwarzen Drüsen besetzt, daher auch ihr wissenschaftlicher Name (*Adenocarpus*, carpo= Frucht, adeno= Drüse).

TEIDE-KATZENMINZE

Nepeta teydea • Lippenblütler

So wie beim Besen-Schöterich wächst diese Pflanze willkürlich inmitten der Lavagesteinswüsten. Wie so viele andere Arten der Minzen-Familie wird sie sowohl für medizinische als auch aromatische Zwecke verwendet.

Die immergrünen, gegenständigen Blätter sind stark behaart, die Blumenblätter haben einen dunkelvioletten Farbton, obwohl es auch eine weiße Varietät gibt (Albiflora). Die Teide-Katzenminze gedeiht sehr zahlreich zwischen den Felsbrocken der ganzen Cañadas-Senke sowie an den Abhängen des Teide bis auf eine Höhe von 2.700 m hinauf. Sehr oft wächst sie nahe von Geißklee und Teide-Ginster.

Flora

BESEN-SCHÖTERICH

Erysimum scoparium • Kreuzblütler

Die Pflanze ist eine der ersten, die ihr Blütenkleid sogar noch vor Frühlingsbeginn trägt. Die Blütenblätter schwanken zwischen weiß bis lilafarben. Sie ist zwar nicht sehr oft anzutreffen, wächst dafür aber im ganzen Cañadas-Kessel, inklusive in höheren Lagen als der Teide-Ginster. Ein sehr häufiges Vorkommen ist bei El Portillo anzutreffen.

Wie alle Kreuzblütler ordnen sich die vier Blumenblätter kreuzförmig an.

TEIDE-RAUKE

Descurainia bourgeauana ·
Kreuzblütler

Neben dem Teide-Ginster bildet diese Art das charakteristische Landschaftsbild mit breiten Zonen, die im Spätfrühling von der gelben Blütenpracht der Teide-Rauke bedeckt ist. Es ist ein kleiner, immergrüner Strauch mit winzigem, stark verzweigtem Blattwuchs. Die ebenfalls kleinen Blüten mit je vier gelben Blütenblättern sind traubenförmig angeordnet.

Die üppige und ausgedehnte Blüte verleiht der Landschaft im Frühling eine bezaubernde Schönheit. Kurz nach der Fruchtbildung trocknen die Zweige aus und erhalten den für den Winter typisch strohfarbenen Ton, von dem sie auch die volkstümliche Bezeichnung „Teidestroh" erhalten.

Flora

TENERIFFA-MARGERITE

Argyranthemum teneriffae •
Korbblütler

Die ins Auge stechende, weiße Margerite blüht von Frühling bis Herbst. Sie gehört zu den Pflanzen, die am weitesten oben gedeihen können. Man trifft sie noch auf einer Höhe von 3.600 m auf dem Weg zum Teide-Gipfel an. In der Cañadas-Senke üppig verbreitet, bevorzugt diese Margerite vor allem Standorte am Fuß von Felsbrocken oder zwischen dem Lavageröll.

Es ist ein kleiner, bis zu 50 cm hoher Strauch, der sich schon ganz unten am Stamm ballförmig stark verzweigt. Wie alle Korbblütler bestehen die Blumen aus komplex aufgebauten Blütenständen: Die äußeren Zungenblüten sind im Vergleich zu der eigentlich winzigen Blume riesig und tragen ein ganz spezielles Weiß, das die Insekten anzieht. Im inneren Bereich liegen die Röhrenblüten. Ihre kleinen gelben Punkte mit den fast mikroskopischen Blumenblättern sind für die Fortpflanzung verantwortlich.

BEHAARTER FEDERKOPF

Pterocephalus lasiospermus •
Kardengewächs

Dieser auffallende Strauch mit blassrosa-farbenen Blüten war vor der Bildung des Nationalparks wegen der Weidewirtschaft sehr selten anzutreffen. Die Pflanze wächst zwischen 2.000 und 2.500 m in den Gebieten, in denen auch der Teide-Ginster und der Geißklee gedeihen, und ist heutzutage häufig ausgebreitet. Die Blütezeit umfasst von Sommer bis Mitte Herbst.

Der Strauch mit den behaarten und gräulichen Stielen kann bis zu einem Meter hoch wachsen. Um dem trockenen Klima zu trotzen, sind die Blätter stark behaart. Die wissenschaftliche Bezeichnung Lasiospermus bedeutet in diesem Sinne genau „behaart", aus dem Griechischen „lasios" (flaumig) und „sperma" (Samen). Der Blütenstand ist mit den zahlreichen Früchten einfach spektakulär.

Betrachtet man die biologische Entwicklung von Pflanzen mit Blütenbildung ähnelt sich der Blütenstand dieser Kardengewächse mit der Margerite, bleibt aber einen Schritt hinter der Entwicklung der Margeriten zurück. Die einzeln angeordneten Röhrenblüten sind noch deutlich zu erkennen, obschon die äußeren Zungenblüten wie bei den Margeriten stark entwickelt sind.

BLAUER NATTERNKOPF

Echium auberianum •
Raubblattgewächs

Die Pflanze ähnelt dem roten Teide-Natternkopf, ist aber viel kleiner. Der Blütenstand ist auch kegelförmig, jedoch auf verschiedenen Achsen verteilt, die blauen Blüten weniger dicht angeordnet. Der blaue Natternkopf blüht alle zwei Jahre. Obwohl er danach anscheinend abstirbt, schlägt er im kommenden Frühling im Gegensatz zum roten Natternkopf wieder aus. Der Pflanzenwuchs ist verstreut, oft jedoch findet man die Pflanze bei Montaña Blanca. Er kann sich mit dem roten Teide-Natternkopf kreuzen, der Blütenstand ist dann aber weniger blau.

Die Blätter bilden eine Grundrosette (wie beim roten Teide-Natternkopf) und sind beiderseits mit langen, gelblichen Borsten besetzt, um ein zu hohes Austrocknen zu vermeiden.

Kreuzung zwischen einem blauen und roten Natternkopf

183

Flora

Die roten Teide-Natternköpfe bilden weit ausgedehnte und spektakuläre Gruppen

Flora

Flora

ROTER TEIDE-NATTERNKOPF

Echium wildpretii • Raubblattgewächs

Die lineal-lanzettlichen Blätter bilden eine Grundrosette und sind mit zahlreichen weißen Borsten besetzt, die den Blättern den auffallend silbernen Farbton verleihen. Am spektakulärsten zeigt sich diese Pflanze jedoch im vierten oder fünften Lebensjahr. Bei günstigen Wetterverhältnissen zeigt dieser Natternkopf einen riesigen, kegelförmigen Blütenstand voll roter Blüten, der bis zu 3 m groß werden kann.

Die Pflanzen leben zusammen mit dem Teide-Ginster in vereinzelten Gruppen, vor allem an den Felsfeldern am Fuß der Kesselwand. Die Blütezeit erfolgt zwischen Mai und Juli und bietet ein umwerfendes, sich lohnendes Schauspiel. Nachdem die Samen herangereift sind, stirbt die Pflanze ab und bleibt als trockenes Skelett während vielen Monaten zurück.

187

Flora

TEIDE-VEILCHEN

Viola cheiranthifolia • Veilchengewächs

Die kleine, immergrüne und stark verzweigte Pflanze trägt prächtige blaue Blüten. Sehr häufig ist sie inmitten der Bimssteinfelder von Montaña Blanca und Pico Viejo anzutreffen, teilweise auch auf dem Teide-Gipfel selbst auf mehr als 3.600 m. Neben dem typischen, vorherrschenden Lilaton haben die Blüten in der Mitte gelbe und weiße Flecken.

Die Pflanzenart wurde von Humboldt nach seinem Aufstieg auf den Teide 1799 beschrieben.

> Dieser immergrüne, stark verbreitete Farn ist hauptsächlich im Schutz der Lavazonen anzutreffen *(Cheilantes tinaei)*

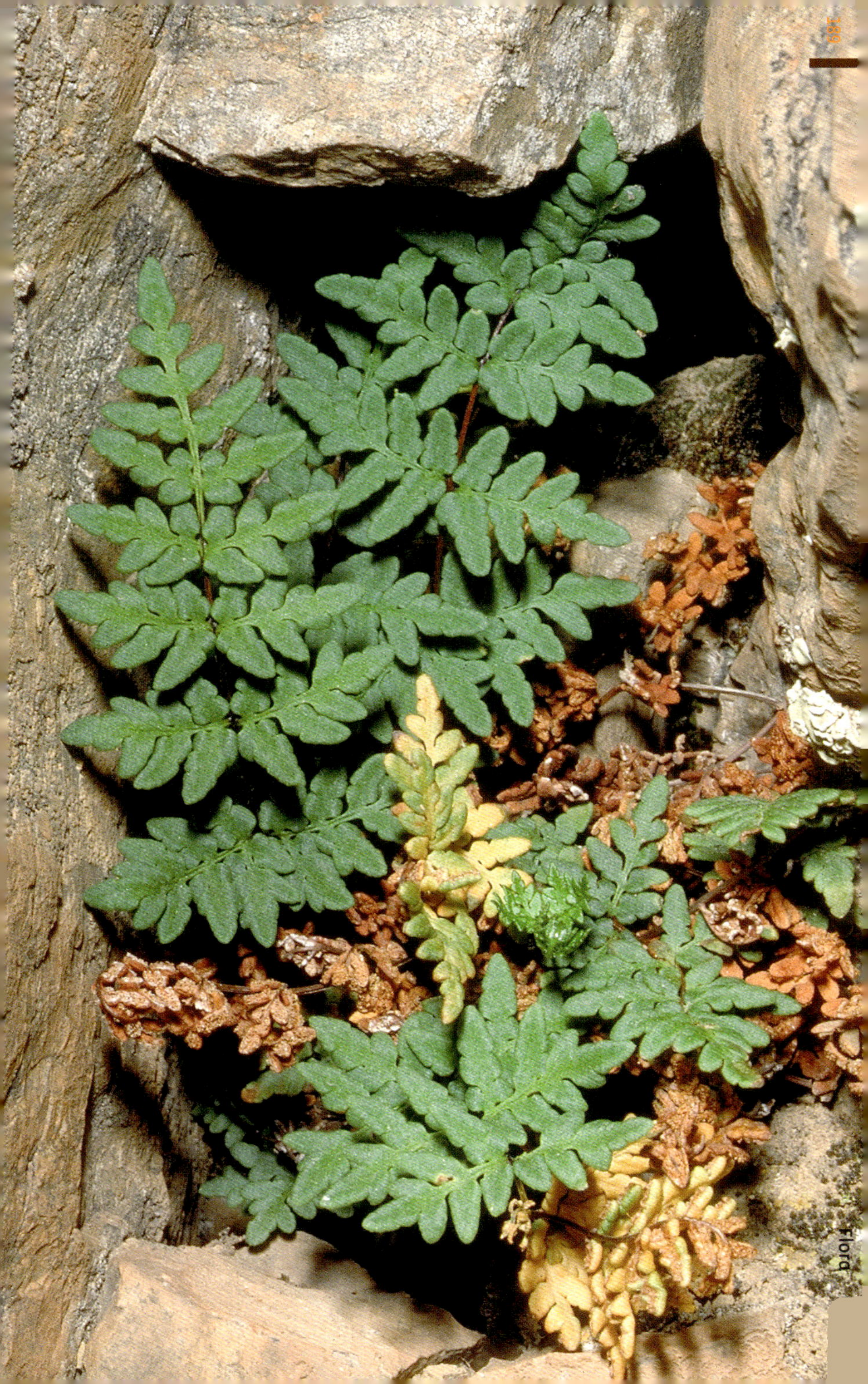

VUE D'ICOD DE LOS VINOS.
et du Pic de Teneriffe

Abbildung aus dem Atlas Histoire naturelle des îles Canaries, Webb, Philip Barker et Berthelot, Sabin. 1836-50

Notizheft

Die Caldera Las Cañadas mit dem darin gelegenen Teide bildet das Zentrum der Insel Teneriffa. NASA-Aufnahme aus dem Weltall.

Karten und geografische Referenzen

Karte über die Aussichtspunkte und Dienstleistungsbereiche

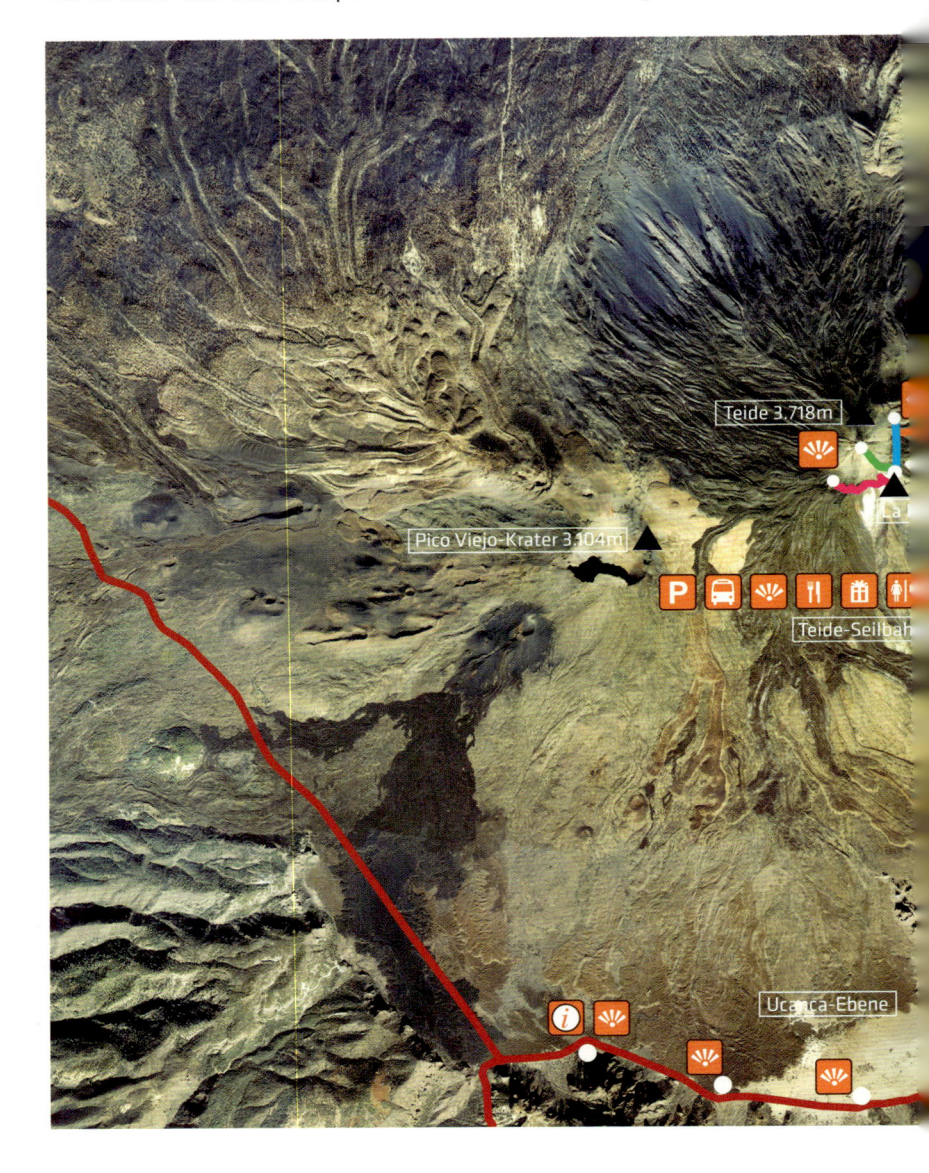

Wanderwege dieses Führers:
- 7. Montaña Blanca La Rambleta
- 10. Teide-Gipfel - Telesforo Bravo
- 11. Aussichtspunkt La Fortaleza
- 12. Aussichtspunkt Pico Viejo

Der Teide-Nationalpark ist ein Hochgebirge mit unerwarteten Temperaturunterschieden. Es ist empfehlenswert, warme Kleidung, gutes Schuhwerk, Sonnenschutz und Wasser mitzunehmen.

In diesem Naturschutzgebiet müssen die Nutzungsvorschriften beim Besuch eingehalten werden.

El Portillo
33,5 Km
Besucherzentrum
erghütte Altavista 3.270m
ta 3.555 m
Montaña Blanca 2.732 m
40,7 K
43 Km
otel El Parador

Besucherzentrum
Aussichtspunkt
Erste Hilfe
WC
WIFI
Information
Parking
Teide-Seilbahn
Bushaltestelle
Hauptstraße
Restaurant
Hotel
Berghütte
Shop

Hauptsächliches Wanderwegenetz

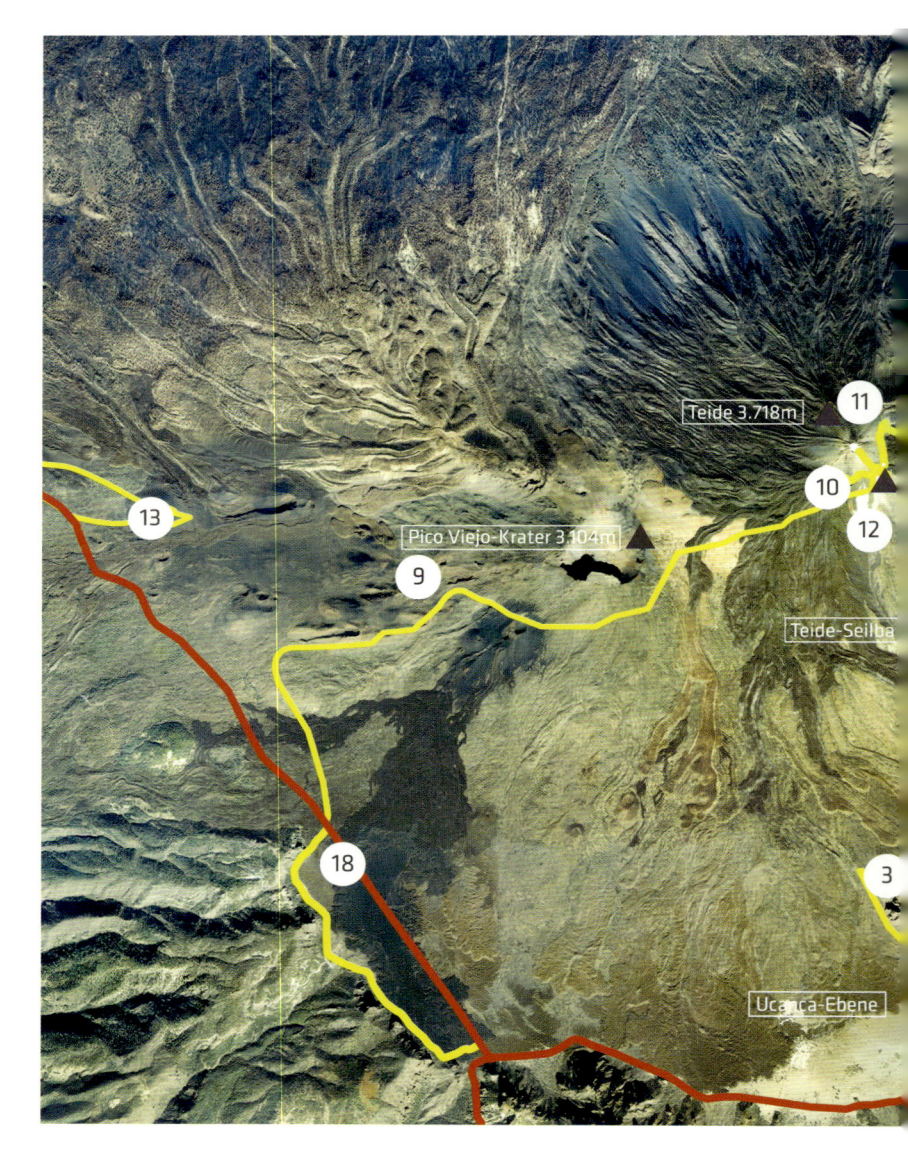

1. La Fortaleza
2. Arenas Negras
3. Roques de García
4. Siete Cañadas
5. Degollada de Guajara
6. Montaña de los Tomillos
7. Montaña Blanca - Pico Teide
8. El Filo
9. Teide-Pico Viejo-TF38
10. Telesforo Bravo
11. Aussichtspunkt La Fortaleza
12. Aussichtspunkt Pico Viejo

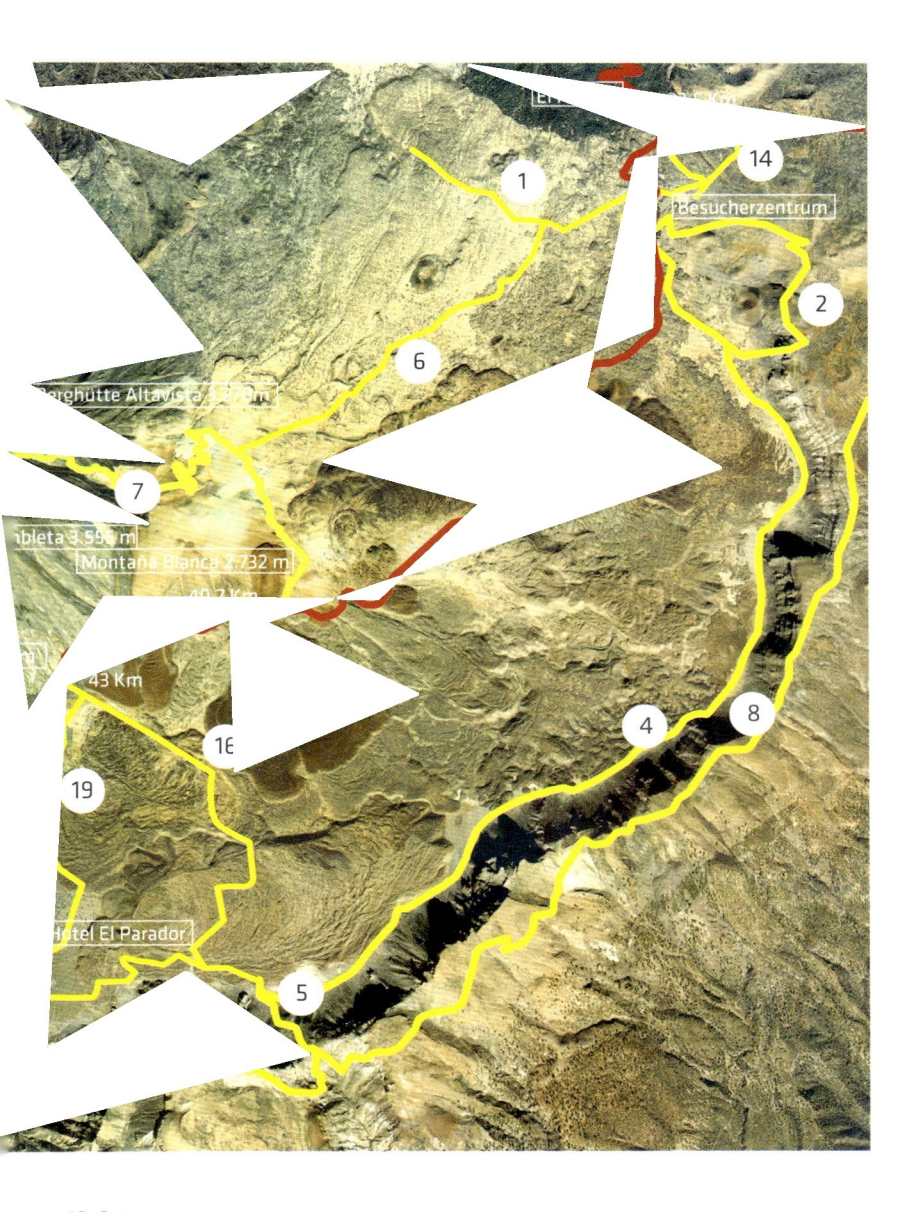

13. Samara
14. Alto de Guamazo
16. Sanatorio
18. Chavao
19. Majúa

Aussicht von der Seilbahn aus

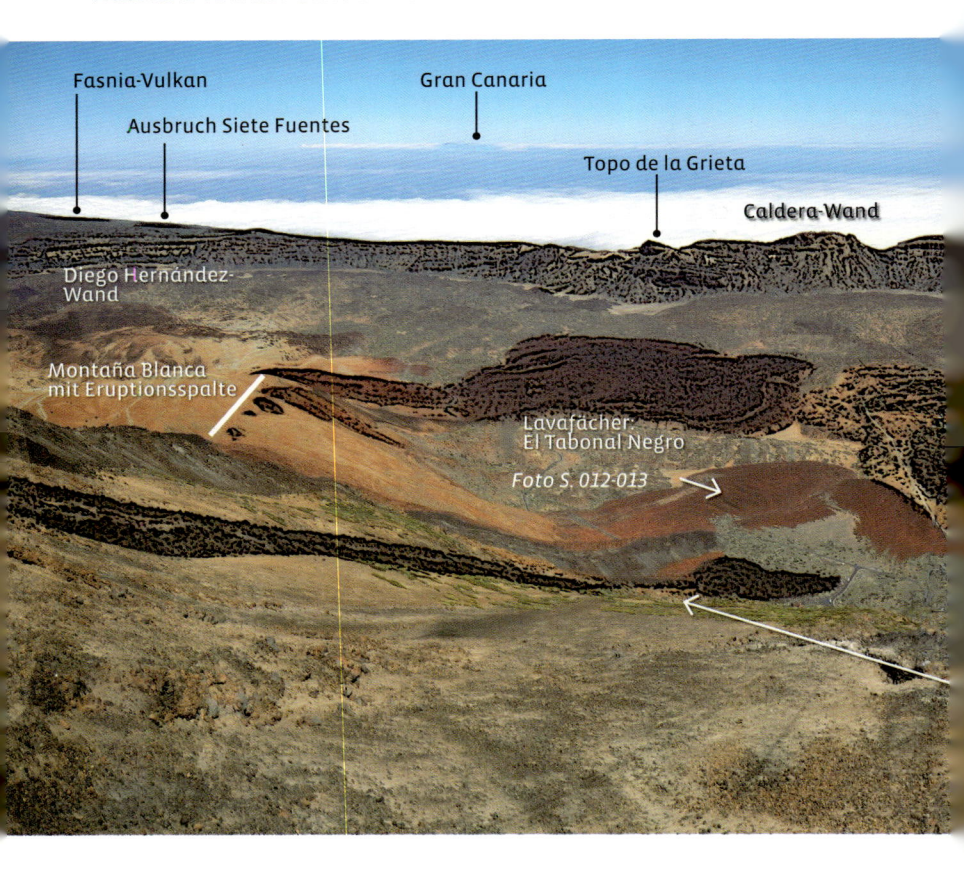

Bildbeschriftungen:
- Fasnia-Vulkan
- Ausbruch Siete Fuentes
- Gran Canaria
- Topo de la Grieta
- Caldera-Wand
- Diego Hernández-Wand
- Montaña Blanca mit Eruptionsspalte
- Lavafächer: El Tabonal Negro
- Foto S. 012-013

Ein kurzer Panoramaführer für die Seilbahnfahrt, die Aussichtspunkte und die Wanderwege um die Bergstation herum. Angezeigt werden die wichtigsten vulkanischen Gebäude und geografischen Anhaltspunkte für ein besseres Verständnis bei Ihrem Besuch.
Während der Seilbahnfahrt ändert sich die Perspektive sehr schnell. Die Abbildung oben zeigt die Sicht kurz nach dem zweiten Pfeiler.

Montaña Guajara — „Hut" von Chasna

Llano de Ucanca
Los Roques
Schubwellen
Montaña Majúa: Bimsstein und Lavazungen
Lavaströme des letzten Teide-Ausbruchs (8. Jh.)

Teide-Profil, in der Mitte die Teide-Krawatte, rechts die Seilbahn. Sicht vom Lavastrom Los Roques aus (Wanderweg 3). Diese Lavamassen stammen aus dem ersten Ausbruch des Pico Viejo vor 27.000 Jahren und gehören zu den seltenen Vorkommen einer sehr flüssigen Lava in Las Cañadas. Bei demselben Ausbruch ist auch die Cueva del Viento in Icod de los Vinos entstanden. Diese spektakuläre Lavaröhre teilt sich über 18 km in verschiedene Teile auf, von denen einer öffentlich zugänglich ist.
www.cuevadelviento.net - Tel. 922 815 339

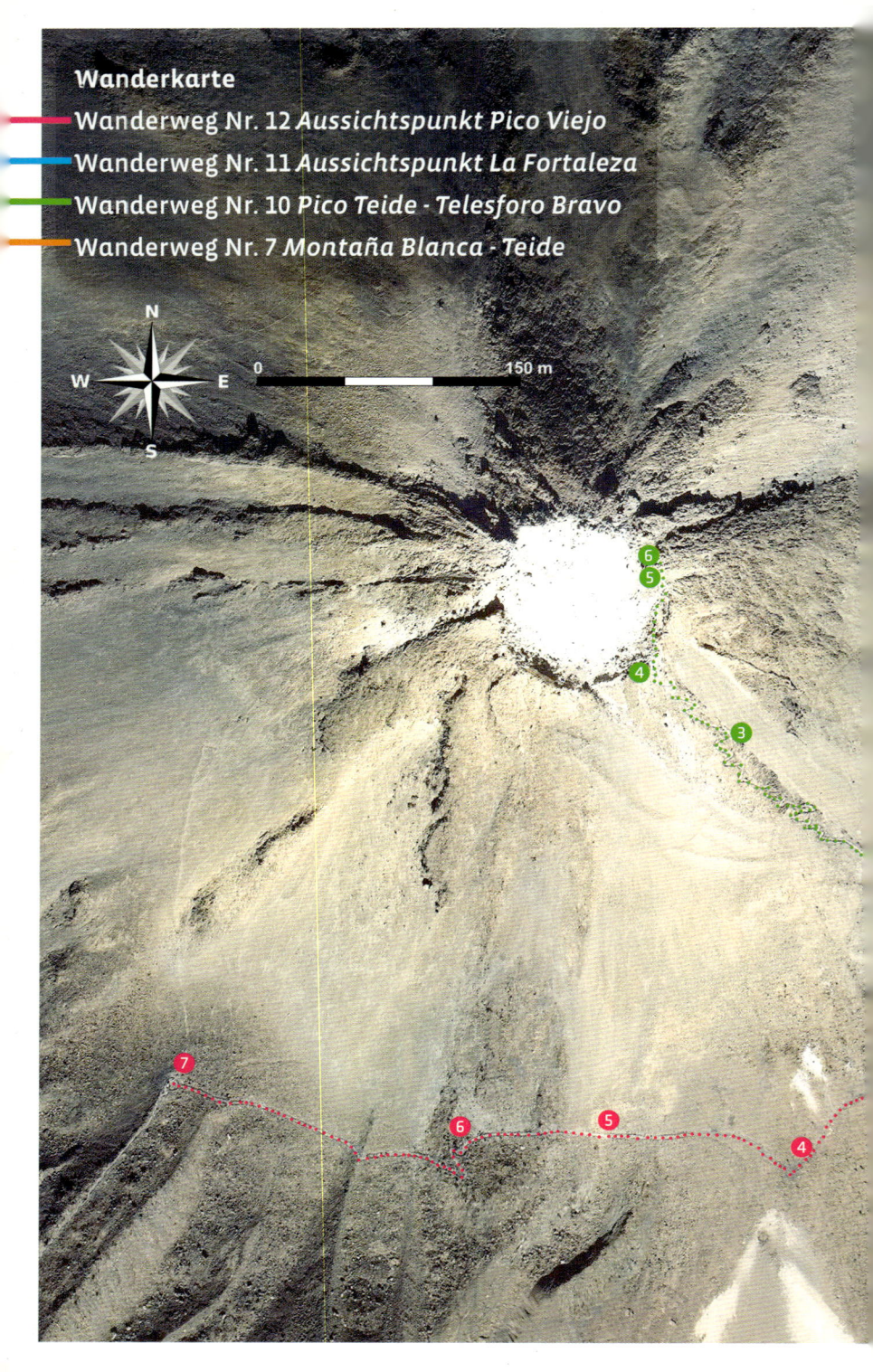

Wanderkarte
- Wanderweg Nr. 12 *Aussichtspunkt Pico Viejo*
- Wanderweg Nr. 11 *Aussichtspunkt La Fortaleza*
- Wanderweg Nr. 10 *Pico Teide - Telesforo Bravo*
- Wanderweg Nr. 7 *Montaña Blanca - Teide*